一句顶万句
销售话术

林立文 —— 编著

Sales Talk

远方出版社

图书在版编目（CIP）数据

销售话术 / 林立文编著. -- 呼和浩特：远方出版
社，2023.11
　　（"一句顶万句"系列）
　　ISBN 978-7-5555-1609-5

　　Ⅰ．①销… Ⅱ．①林… Ⅲ．①销售 - 口才学 - 通俗读
物 Ⅳ．①F713.3-49②H019-49

　　中国国家版本馆CIP数据核字（2023）第100550号

销售话术
XIAOSHOU HUASHU

编　　著	林立文
责任编辑	奥丽雅
封面设计	小斋图象
版式设计	曹　弛
出版发行	远方出版社
社　　址	呼和浩特市乌兰察布东路666号　邮编010010
电　　话	（0471）2236473总编室　2236460发行部
经　　销	新华书店
印　　刷	天津中印联印务有限公司
开　　本	880毫米×1230毫米　1/32
字　　数	155千字
印　　张	7.5
版　　次	2023年11月第1版
印　　次	2023年11月第1次印刷
印　　数	1—8000册
标准书号	ISBN 978-7-5555-1609-5
定　　价	38.00元

如发现印装质量问题，请与出版社联系调换

　　从某种意义上说，销售的本质就是经营人际关系。当然，销售不是要你去无底线地取悦客户，而是要赢得客户的信任和好感。信任和好感是客户做出购买决定的必要条件，也是客户选择你的理由。

　　毫无疑问，主宰销售成败的是客户的各种心理因素，想要突破客户心中的铜墙铁壁，靠的就是销售人员的能力。

　　作为一名销售人员，如果你无法准确掌握客户心理，洞悉客户需求，吸引客户注意，搞活客户关系，激发客户潜在的购买欲，就不会成功。

　　销售人员不懂客户心理，就好比行走在茫茫黑夜里，会不断跌倒和碰壁。

　　销售王牌告诉你：细节决定成败，推销重在攻心，谁做好了销售细节，谁就能拿下客户的"芳心"。

笔者作为一名从业多年、业绩不凡、深受客户喜欢的销售人员，愿意在这里开诚布公地为大家分享自己的实战经验与心得。

本书将教你如何分辨客户的性格，洞悉客户的需求，突破客户的防线，解除客户的疑虑，赢得客户的认可。本书以实战为主，传授为辅，案例经典，语言简洁，可以使你轻松领悟每个实战环节的战术精髓。

譬如，初次见面时，如何减少客户的心理戒备，与客户迅速建立可以发展的良好关系；接近客户时，如何强化个人吸引力，瞬间激发客户进一步交流的兴趣；推介商品时，如何突出商品的卖点，激发客户购买欲……

每种战术环环相扣，直击客户购买过程中的各种心理变化，帮助你知己知彼，见招拆招，让你进入一个"游刃有余"的销售境界。

销售其实简单，只要你能掌握客户心理，成交就很容易！

目 录

第六章　故事：相比冷冰冰的推销，故事更能吸引人

第七章　搞定：击中客户的弱点，等他主动下订单

第一章　吸引

建立好感度，销售才能更进一步

- ☑ 形象是销售人员最直观的名片
- ☑ 把客户聊成知己，订单还不给你?
- ☑ 勤跑多见，客户看你越看越"好看"
- ☑ 好的自我介绍，让客户永远忘不掉
- ☑ 打动客户的黄金 30 秒
- ☑ 精彩开场白，客户看过来
- ☑ 利用好奇心，吸引客户注意

形象是销售人员最直观的名片

市场竞争如此激烈，如何让客户选中你，而不是别人？答案很简单，那就是把自己的完美形象展现给客户，让对方"一见钟情"。

我们知道，销售也是一种社交活动。既然是社交活动，就应该给对方留下一个好印象。只有彼此产生好感，相互接受，才能继续发展。也就是说，形象是销售人员最直观的名片。让客户对你产生好感，你的销售就已经成功了一半。

或许有人会说，我销售的是产品，只要产品质量好、价格优惠就可以了，就算个人形象差一点也没关系，照样可以把产品销售出去。还有人会说，销售人员应该把口才放在第一位，只要口才好，什么样的客户都可以被说服。

其实，这两种想法都有一定的问题。在销售工作中，有太多例子证明，个人形象在销售过程中起着重要作用。很多销售人员就是因为不注重个人形象才丢了订单，有的甚至严重影响到公司和品牌的形象。

看看下面两个销售人员的故事。

小刚进入销售行业不久，工作是推销某公司生产的防盗门窗。一天，老板交代他与某公司代表洽谈办公室安装防盗门的业务。小刚早早地与客户进行电话沟通，对方也比较热情，但当他登门拜访时，对方的态度却发生180度大转弯——只是扫了他几眼，便开始忙其他事情。面对小刚的提问，客户也只是有一句没一句地应付着。

这次拜访小刚无功而返。他不明白，为什么电话沟通时对方那么热情，登门拜访时却如此冷淡？其实，这一点都不奇怪。只要你看到小刚的个人形象就会明白——他满面胡须，衣服脏兮兮的，一条裤腿还掖在袜子里。如此邋遢的衣着，如此糟糕的形象，怎能招客户待见呢？

再看看同样是某公司销售人员的小马：他的衣着总是整整齐齐、干干净净的，而且举止得体。每次拜访客户前，他都会好好地刮胡子，再穿一身合体而精致的正装，神采奕奕地出现在客户面前。

有一次，小马拜访一位大客户，对方的合作意向并不强，可小马还是想尝试一下。虽然他当时表现得有些紧张，但出人意料的是，客户竟然改变了主意，答应与他签订合作协议。事后，小马询问客户缘由，客户笑着说："那天外面下着小雨，可当你出现在我面前时，衣着整整齐齐、一丝不苟，没有一丝狼狈和凌乱。你的个人形象告诉我你是一个值得信任的人，你的产品也是可靠的。"

两种形象得到的客户反应截然不同。毫不夸张地说，个人形象是我们销售成功的关键，因为销售工作从某种程度上说就是推销自己。

销售人员无论告诉客户他的产品有多么好，把产品介绍得既专业又到位，但如果个人形象不好，或衣冠不整，或邋里邋遢，恐怕也很难赢得客户的信任。客户大多会有这样的想法，如果这位销售人员说的都是真的，那他为什么会穿得如此邋遢呢？

所以，在推销过程中，销售人员要注意个人形象，给客户留下良好的第一印象。那么，具体该怎么做呢？可以注意以下方面。

1. 服装干净得体，不能邋里邋遢

良好的第一印象应该从着装开始。销售人员要注意自己的着装，保证服装干净整洁。衣服上不要有污渍，也不要皱皱巴巴；没有必要可以不穿正装，但也不要穿得过于休闲，或是奇装异服；

服装要符合场合以及产品特点，也要符合自己的年龄和职业。

2. 言谈举止大方得体，不要让不良言行破坏你的形象

销售人员除了得体的衣着外，还应注意自己的一言一行。拜访客户时，一个不当的小举动或是一句不恰当的话语，都可能给客户留下不好的印象，导致销售工作失败。

说话时，注意场合和分寸，不使用不礼貌用语；注意站姿和坐姿，不能吊儿郎当、摇晃身体；保证镇静，不要太紧张。在拜访客户前做好充分准备，拜访时注意言谈举止，把自己最好的形象展示出来，为自己加分。

个人形象很重要，销售人员千万不要小看它，要在工作之余，加强对自身良好形象的塑造。当你把良好的个人形象呈现给客户时，客户才会被你吸引过来，从而展开进一步的销售活动。

把客户聊成知己，订单还不给你?

与客户的第一次接触，既是难题，又是门槛，也是最容易被客户拒绝的一个阶段。如果销售人员不能很好地跨过这个阶段，销售工作就很难展开。所以，销售人员首先要做的是打破尴尬局面，让客户对自己一见如故。

这谈何容易?

对客户而言，我们是陌生人，陌生人之间本就存在防备心理。设身处地地想一想，当你面对一个陌生人时，你会不会轻易信任他，与他愉快地交谈? 当陌生的推销员向你推荐一款产品时，你的第一念头是不是拒绝?

其实，我们可以主动将自己摆在熟人的位置上，用朋友的方式与客户沟通，如此一来，很容易获得客户的好感，促使沟通顺利进行。

　　小怡是某康复机构的技师。在一天上班的路上，她遇到一位60多岁的阿姨。阿姨手里拎着菜篮子，显然是刚从菜市场买菜回来。走到花坛时，阿姨突然停下来坐在花坛边上休息，一只手不停地捶打腰部。

　　小怡猜想阿姨肯定有腰疼的老毛病，此时因为走路太多而有些酸痛。她立即走上前，以熟悉而亲切的口吻问："阿姨，您是不是腰疼？我给您按摩一下吧。"说完就蹲下来帮阿姨轻轻地按揉腰部。

　　阿姨见小怡如此亲切的问候和举动，便以为自己认识这个女孩，但一时想不起来了。过了一会儿，阿姨问："姑娘，我们认识吗？我记性不好，记不起你到底是谁了。"

　　小怡笑着说："阿姨，我们不认识，但我见到您感到非常亲切。不瞒您说，我妈和您一样有腰疼的毛病，稍微干点家务就酸痛，有时都直不起腰来。我很心疼我妈，想帮她治好腰。为此，我从老家来到这儿学习按摩……"

　　阿姨笑着说："你真是一个孝顺的孩子。"

　　小怡接着说："我在前面不远处的一家康复机构做技师，刚看到您坐在这儿捶腰就想到了我妈，忍不住心疼起来……"

就这样，小怡一边按摩阿姨的腰部一边与她聊天，聊了很久。分别时，阿姨拉着小怡的手依依不舍，还主动要了她的联系方式，说过两天一定去康复机构里试一试。

小怡在短短的时间内就让阿姨对自己一见如故。一开始，她就把自己摆在与阿姨相熟的位置上，亲切地帮她按摩，接下来又说见到阿姨让她想起了在老家的妈妈，不仅一下子拉近了彼此的距离，还赢得了对方的信任和好感。

若是小怡一上来就说"我是某康复机构的技师，可以为您治疗腰疼"，结果会怎么样？不用想，肯定会遭到阿姨的拒绝。因为这意味着她把自己摆在陌生人的位置上，让对方产生了疏离感和排斥感。

这样的沟通很难成功。距离感越强，沟通越不顺利，客户心里始终是排斥的。那么，如何消除客户的排斥心理，让他对自己一见如故呢？

1. 用朋友的口吻与对方交谈

优秀的销售人员一般都不会直接说自己是推销商品的，他们一开始会像朋友一样和对方攀谈，给对方熟悉和自然的感觉。就像小怡一样，先关心对方，再与对方谈自己的感受，迅速拉近两个人的心理距离。

2. 拉近关系，暗示客户我们是熟人

我们常会遇到这样的销售人员，一见面就说："我是某某介绍的，希望能和您谈一谈""我听朋友提到过您……"这样的话会让客户产生错觉：你们并不陌生，而是存在某种联系。如此一来，他的排斥心理就会减轻，也就愿意与你交谈了。

当然，拉近关系的方式并不局限于此。我们还可以用其他方式，比如："你是××大学毕业的，我曾在那里进修两年。说起来，我们还是校友呢！""您是棋坛老前辈，我是棋坛票友，相当痴迷！""听您的口音是某某地区人，我的妻子也是那里人，说起来，我也算是半个××人。"

一般来说，面对素不相识的客户，若你能及时找到或明或暗、或远或近的关系，便可以迅速拉近彼此的心理距离，使对方产生亲切感。当然，需要注意的是，你不能太牵强，否则会适得其反，导致对方反感。

3. 寻找共同话题，拉近彼此的关系

想要让客户对你一见如故，销售人员还应努力寻找共同话题，打开对方的话匣子。

我们可以仔细观察客户，从客户的言谈举止、职业身份、服饰爱好等入手，谈相关话题，从而让对方产生一见如故的感觉。

我们还可以事先做一些准备工作，了解对方的兴趣爱好等。

总之，一见如故是与客户沟通的理想境界。如果能够让客户产生这样的感觉，就可以给客户留下亲切而深刻的印象，使成交不再是难题。

勤跑多见，客户看你越看越"好看"

心理学上有一个"多看效应"，就是对越熟悉的东西越喜欢。有心理学家做过这样一个实验：向参加实验的人展示一些人的照片。有的照片出现了几十次，有的出现十几次，有的只出现了一两次。之后，要求看过照片的人对照片进行评价。结果发现，出现次数越多的照片，就越多人喜欢。

这是为什么呢？

从心理学的角度来看，记忆有4个基本过程：识记、保持、再认和再现。当一个事物重复出现时，可以使大脑中有关该事物的痕迹更加深刻。记忆深刻，就容易产生感情。我们常说"日久生情"，就是这样一种心理现象。

所以，在销售过程中，销售人员不要抱着第一次见到客户就成交的想法，也不要一遭到客户拒绝就打退堂鼓，放弃与这个客户继续接触。因为赢得客户信任，与客户建立良好关系，往往需要更多时间的积累。只有多去拜访客户，多与客户沟通，才能"一回生，二回熟"，提高彼此的熟悉度，从而获得对方的信任。

不信就看看小李的故事吧！

小李是某公司销售部经理。他想与一家公司建立合作关系，但是这家公司的采购经理总是很忙，几乎没有空闲时间，小李约了对方几次都没有成功。不服输的小李并没有放弃，而是采取另一个策略。

在一次电话沟通时，小李争取到5分钟的会面时间。会面时，小李只是简单地介绍自己，并将自己公司的产品资料放到办公桌上，然后微笑着说："我知道您非常忙，这次我就是来拜访您一下，也算是来您这报到。这是我们的产品资料，您有时间可以看看。"小李起身告辞，说："谢谢您，我就不打扰您工作了。"

大约一周后，小李又去拜访那位采购经理。见面时，对方早已忘记他了，但小李也只是说："我是上次来的小李，是某公司的销售经理。"然后再次递上自己的名片，并将公司的产品资料递交到对方手上。这位采购经理依旧忙碌，没有时间接待小李。小李也没有继续打扰，寒暄几句就离开了。

到了第三次，情况就变了。采购经理看到小李时，笑着说："我记得你，你来过好几次了吧？虽然我不记得你的名字，但看你眼熟。非常不好意思，前几次我真的太忙了，没能好好和你沟通。今天我有一些时间，你赶紧介绍下你的产品吧……"

就这样，几次见面后，这位采购经理不仅记住了小李，还对他产生了不错的印象。最后，小李顺利地拿下订单。

销售人员应多制造与客户见面的机会，客户看你看得多了，对你越来越熟悉，也就越来越信任，你成功的概率就会大大提升。那么，销售人员具体应该如何做呢？

1. 不急于求成，多制造与客户见面的机会

在与客户初期接触阶段，销售人员不要急于求成，妄想第一次就拿下订单。第一次见面时，销售人员与客户彼此都是陌生人，存在距离感，如果没有深入沟通，怎么能快速达成合作协议？

销售人员在初期应该多制造与客户见面的机会，没事的时候给客户打个电话，或是拜访客户。"一回生，二回熟"，客户对你产生了熟悉感，排斥感自然就会消失。

2. 约不到人，不妨设计几次偶遇

很多时候，由于客户过于忙碌，或是有意回避、推脱，销售人员可能就见不到客户。难道销售人员要一直等待吗？这样的话，你可能永远也等不到好的机会。

这时，销售人员可以事先打听客户的行程，再设计几次偶遇，积极创造与客户见面的机会。若是能把握好这样的机会，你的销售行动就有可能往前迈一大步。

3.遵循原则，不过分打扰客户

多制造与客户见面的机会是为了提升与客户的熟悉度，力求让客户对自己产生好感。所以，在这个过程中，销售人员要把握好尺度，不要不分时间、不分场合地拜访客户。若是在客户休息或谈重要事务时前去拜访，就变成了一种打扰，让人反感。

同时，拜访的次数也要有限，要考虑客户的心理，不要频繁地出现在客户面前，这样只会使"多看效应"大打折扣。

总之，急于求成是销售人员的大忌。虽然我们要通过多制造与客户见面的机会来建立好感，但也要记住做事不能太有目的性，或失了分寸，否则将前功尽弃。

好的自我介绍，让客户永远忘不掉

销售人员开口的第一句话至关重要，直接关系到给客户留下怎样的第一印象。销售工作看似是在卖东西，实际上是在展示自我。所以，与客户第一次打交道，不管是打电话还是会面，都要在第一时间介绍自己。

什么样的自我介绍才更有吸引力呢？

有人喜欢背名片，重点向客户介绍自己是某公司某部门的领导，希望通过头衔让对方重视并记住自己；有人希望通过认真介绍自己的名字，给对方留下深刻印象。可大部分的头衔和名字都没有神奇的效果。所以，我们需要好好揣摩，如何给客户留下深刻的印象，让客户对自己"一见钟情"，以便开展后续的销售工作。

小李在一家大型公司任职。大概是在30岁出头的时候，小李通过应聘进入公司。一开始，他只是公司的程序员。由于工作能力出色，他很快就被提拔并到各岗位进行历练，前后做过部门经理、开发部以及其他岗位的领导。

小李的名片多达 20 张，记录着他进入公司的每一步。很多人都会疑惑，像他这种情况，出去参加活动或者跟客户会面时，该怎样介绍自己。

小李不愧是职场达人。他在自我介绍方面总结出一套出色的说辞，不管面对什么样的客户，都充满说服力。我们可以把他的自我介绍归纳成两个关键词：全能、多面。每次见客户，他都会自信、大方地告诉对方，在公司没有他不懂的业务，他还是公司主要业务的负责人和参与者，很少有人比他更了解公司的业务。

听了这样的自我介绍，大部分客户都会在第一时间对他产生信任感。因为他的自我介绍不仅表明了他的专业性，而且表明了他的忠诚度。跟这样的人合作，不用担心后期出现无人负责或者无法处理的情况。通过这样的介绍，小李很快就能跟客户成为朋友，再谈合作就轻松得多。

我们从这个案例出发，分析如何做自我介绍才能更好地吸引客户。人与人的性格、气质大不相同，但从销售角度讲，都是要表现出自己独特的一面。也就是说，销售人员应该给自己准确定位，在介绍自己时加入关键词，并围绕关键词介绍自己，打造自己的亮点。

接下来，从以下两个方面为大家讲解自我介绍的方法，即"关键词"法则。

1. 大胆自信，乐观大方

销售人员面对的客户通常是陌生人，把自己的产品卖给一个陌生人，这让许多人想想都觉得不好意思。因为他们害怕被拒绝，更怕对方质疑自己和自己的产品。一旦产生这样的心理，他们开口的时候就有所顾忌，要么吞吞吐吐，要么怯懦小声。客户的感受只有一个：不自信。不自信的人要想把产品卖给他人，难于上青天。

所以，面对客户时，要大胆自信、乐观大方。相信自己的介绍能够打动对方，即便有小波折，也要乐观面对，让客户感受到你的信心与诚意。

2. 给自己设计亮点，推销产品前先推销自己

设计师的每一件作品都有独特的卖点，人也是一样。每个人看似普通，实际上只要深挖都能挖出独特的"卖点"。在自我介绍的时候，能把"卖点"推销给客户，那成交就八九不离十了。

怎样顺利找到自己的亮点呢？首先，强调资历。一个专业的销售人员可以用各种数据和专业名词来说明自己的销售素养。比

如自我介绍时，自信地告诉客户："我在这个行业摸爬滚打十来年了，对市面上的产品了解颇深，对行业趋势和重点也了如指掌。我对产品比对自己还要熟悉。"听完这话，客户肯定会产生合作意向，因为大家都知道，专业的人做专业的事。其次，为了表明合作诚意，可以先列举自己的销售成绩。比如，明确告诉客户："我在公司有个外号叫'万事通'，因为总能及时解决客户的问题。""我在公司连续3年都是销售冠军，这要感谢客户的信赖和支持。"

我们都有消费偏好，因为喜欢某家店或者某品牌而经常购买他们的商品。如果销售人员能挖掘自身的"卖点"，给客户传递自己独一无二的优势，那么抓住对方的心就是早晚的事。过度谦虚只会影响你打造自己的"名片"，要自信地展示优势，把自己成功地推销出去。

可以说，销售人员的自我介绍没有太多技巧可言，只有这两点——自信的态度、吸引人的亮点。

打动客户的黄金 30 秒

打电话约见客户，一直是成功率较高且被普遍利用的销售方式。发送邮件可能会被过滤掉，贸然登门拜访也会让对方产生抗拒心理，所以，打电话沟通是比较恰当的。但是，电话约见也有要求，就是讲究效率。在电话接通的 30 秒内，要用简洁有效的方式介绍自己和产品，不要说废话和客套话。

周一早晨，陈工开完例会回到办公室，心情不好。开会时，领导和同事提出很多车间设备的问题，尤其是空调制冷效果不佳，在高温天气下非常影响工作效率。他一时间也想不到解决方法。

正在这时，办公室电话响了起来。他接起电话，说："您好，哪位？"原来对方是某设备公司的销售人员，之前那家公司就有人向他推销过,只不过被他"无情"地拒绝了。这次他正在气头上,更是急于挂电话。听完对方的自我介绍之后,陈工就拒绝说:"不好意思,我们暂时不需要空调。我现在还有急事要处理,就这样吧!"

没想到对方并没有生气,而是认真地说:"陈工,不知道您听说过某某公司没有。他们今年刚购买了我们的空调设备,反馈特别好。您两家是同行,应该有所了解吧?"

陈工听完愣了下。某某公司是他们的竞争对手,双方在业务上有不少交叉,不管是业绩还是口碑,对方都比他们更有优势。经这个销售人员提醒,陈工想到这或许就是设备方面的问题,要不然双方技术不相上下,为什么生产效率和生产质量却存在差距呢?再加上最近公司的空调制冷效果不佳,导致车间环境不好、员工的工作积极性减弱等问题。看来,真的有必要跟对方见一面。于是,陈工痛快地跟对方约定了见面时间。

销售人员在通话中做到了一句话扭转乾坤,这给我们带来不少思考。为什么陈工只约见了他?因为他做了交谈准备,提前准备客户关心的问题,并在被拒绝之后马上用最简单的提问勾起客户的兴趣。

30秒内定生死,听起来夸张,实际上是销售人员的经验总结。

如果不能在 30 秒内吸引客户的注意力，对方得不到自己感兴趣的东西，就有可能产生拒绝的念头。这种约见的结果，不用多想，必然是失败的。所以，不要让客户说出"不好意思，我有点忙，以后有需要再联系你"，因为他可能不会再联系你了。

兴趣是最好的老师，也是一个重要的卖点。销售人员一定要千方百计，让对方在极短的时间里对你所提的话题感兴趣。

1. 精心设计自我介绍，风趣幽默很重要

很多刚步入销售行业的人，第一堂课就是学习如何打电话。这跟我们平常打电话不同，因为需要巧妙利用刚接通的 30 秒，做一个让对方喜欢的自我介绍。

"某某经理，您好。我是某某公司的某某，能不能耽误您几分钟？我想跟您介绍一下我们公司推出的新产品。"听到这样的开头，我们都想快速挂电话，因为太老套了。几乎每个人接到这样的电话都会直接挂掉。

如果说："您好，我是某某公司的某某，您现在方便接电话吗？"客户很可能直接回答说："我现在有点事，不方便。"所以，这种提问方式也不太合适。既然打通了就不要再问对方是否方便，这恰好给了对方拒绝的机会，即便被挂掉，也怨不得别人。

换种大家都喜欢的方式，别学机器人说话，那种没有温度的语气让客户亲近不起来，而且很容易让客户产生反感或者厌倦情绪。热情又有礼貌的话语，能传递给对方好的心情。如果公司特别有名气，就着重强调一下公司。无论如何，都要在最初的30秒内，用有技巧的方式介绍自己。

怎么说话才能幽默一些呢？比如，"您终于接电话了，我等到花儿都谢了，您一接通，花儿又开了""我知道您工作繁忙没有时间，只占用您几分钟，不会耽误您的工作"……每个人都可以根据自己的情况来说，只要熟练并大胆地应用就好。

2. 把价值量化，告诉客户他能得到的"好处"

能够听完自我介绍且没有挂电话的客户，值得我们好好珍惜。接下来，我们就要给客户最直接的"好处"。比如告诉客户，这款产品能让他的生产量加倍，或者能节约1/3的人力，又或者可以减少30%的成本。如果是你，听到这样的好处，能不心动吗？

销售人员说话时切忌兜圈子，要站在客户的角度考虑问题，直截了当地告诉客户我们的产品会带来什么样的好处，一步步说服客户。不管是选产品还是约时间，都要在电话沟通时表现出对对方的尊重。

在介绍产品时，对新款产品要突出时间，比如，"我们今年8月刚刚上市的新款，市场反馈非常好"；对经典产品要重点突出可靠性，打消客户的顾虑。在描述产品时，要学会留白，尽量引导客户说出"哪天带着产品过来看看"，这样就跟客户定了下次见面的时间和地点，完成了一次成功的约见。

3.巧妙利用信息差，激起客户的"攀比心"

行业竞争无处不在。销售人员在恪守职业道德的同时，也可利用这一点激发客户的好奇心。比如，稍微透露自己服务的另一个公司取得了什么样的效果。但要注意，千万不能出卖客户的信息！这个要把握好尺度，不然很容易触犯法律，自断前程。

看来，打电话的确是个技巧活儿。我们有必要通过各种方式让客户在短短几十秒内就对我们的产品产生兴趣，这是成功销售的基础。所以，别小瞧这项技能，我们需要靠它来实现成功的销售。

精彩开场白，客户看过来

学生写作文时，老师常常会告诉他们一个秘诀，叫"凤头、猪肚、豹尾"。一篇文章无论好不好，人们都是从头看起，所以开头精彩很重要。销售也是同样的道理，要想吸引客户，开场白就要精彩、有趣。有趣的交谈方式可以事半功倍，不吃客户的闭门羹，也使以后的交谈顺畅无忧。因为我们把握住了最初的沟通，为一次成功的见面打下坚实的基础。

俗话说，好的开始是成功的一半。这句话适用于各行各业。犹如恋人之间的初次约会，约会能否成功，以后有没有机会发展，全看双方首次见面时的表现。如果第一次就表现糟糕，留下不可逆转的坏印象，那么双方又怎么会进一步交往呢？销售人员更要在初次见面前做好准备，最好来一个巧妙而有趣的开场白。

什么样的开场白算有趣呢？每个人对此定义不同。大部分人认为，有趣的开场白必须能让大家笑起来；也有人认为，有创意的开头才有趣；还有人喜欢热情大方的开场白，巧妙化解尴尬的场面。

某商场正在举办一场品牌促销活动，家电区人来人往，各商家都派出优秀的销售人员发放资料和名片，希望能在人海中抓住一些潜在客户。小蕊是某商家的销售人员，她身着工作服，正在认真观察来往的人群。作为一个经验丰富的销售人员，她早已练就出一眼就看出谁具备高端品牌产品消费能力的本事。

一个穿着讲究但低调的男士走过来，小蕊一眼就看出他是有需求的潜在客户。于是，她面带微笑地迎上去，双手递出自己的名片，同时介绍自己："先生您好，我是该品牌的销售人员，不知道您喜欢哪一款产品，需不需要我来介绍一下？"

话音未落，那位男士的脸色顿时变了，说："不用了，你们这些销售太能说了，坏的说成好的，没有的都能吹出3朵花来。你可别想用那套话术对我洗脑，因为那些对我来说没有什么用，你还是省省吧！"

小蕊面不改色，心里却暗暗想："没想到这位男士如此抗拒。"要是换成其他销售人员，也许会特别生气地走开，说不定心里还要偷偷抱怨几句。但是小蕊不上这个"当"，她依旧保持礼貌的微笑，真诚地对那位男士说："先生，您说的非常正确。现在我们都喜欢对客户说花言巧语，目的是哄客户开心，让他下单。但今天遇到您，我觉得那些销售技巧都不管用，我也不打算用。因为刚才一看见您就觉得您气质特别好，浑身上下散发着理性的光芒，对事物肯定能进行理性思考，是个有见识的人。虽然您不想买，我觉得可惜，但我们品牌跟您的气质还是挺合适的。"

那位男士听完会转身离去吗？他遇到这么有趣的销售，被无情拒绝后不仅不急不恼，反而对自己评价这么高。就凭这个有趣的开场白，他也要进去看看这家的产品。

人非草木，孰能无情。即便出口冰冷的人，内心也有所期待，希望自己能得到不一样的对待。小蕊特别聪明，夸赞对方气质好，不卑不亢地化解了尴尬。这一精彩的开场白，值得我们好好学习。

销售人员身处商场，面对客户，需要好好掌握说话的艺术。说到客户的心里，勾起对方的兴趣，才有可能成交。一个精彩的开场白既可以是不露痕迹的夸赞，也可以是幽默和轻松的话语。

1. 魔术般的演示，让客户不再溜走

好奇心人皆有之。销售人员要充分利用人们的好奇心，从意想不到的角度展示自己的产品。现在，大部分产品都是通过说明书来展示的，但很少有人能耐心听销售人员照本宣科。不如设计一场神秘感十足的开场白，吊起客户的胃口，达到不一样的效果。

展示产品时不需要说太多，抓住关键词做有趣而神秘的提问，让客户不由自主地停下脚步，就可能留住客户。假如你在街头行走，一位销售人员走过来对你说："您好，下雨天手机放哪里最安全，您知道吗？雨衣和包包都不可靠，最可靠的是我手里这个小东西。"其实，他是在推销手机防水袋，但他用了悬念十足的提问，效果好得出人意料。

2. 抛出你的提问，问题能提升销量

如果有人在街头拦住你，并提出这样一个问题："您好，请问您相信几十块钱就能买到价值一万多的电脑吗？"这不是骗局，而是一种提问式营销。好奇心让我们停下脚步，使销售人员有机会进行下一步的讲解。其间，客户会进行思考，销售人员可利用这一时间做详细讲解："我们公司现在推出一项活动——无利息分期贷款，让您用几十元就能把电脑带回家。如果有问题，30天内免费退换……"

提问式开场白十分有效，不少人会因好奇而耐心听销售人员讲解。这样的开场白在提问和回答之间切换，能够让客户对我们的产品产生更多的兴趣。

3. 避免硬性推销，那就过时了

社会在发展，科学在进步，我们的销售人员正面临着前所未有的考验。商品琳琅满目，差别越来越小，如何才能在众多产品中脱颖而出，让客户认可自己公司的产品？这是作为销售人员需要思考的问题。以前的销售模式都很直接，上来就问对方"要不要""要多少"，但这种硬性的销售模式早就过时了。

作为一名与时俱进的销售人员，不要一张口就问别人买不买自己的产品。这种销售模式的目的性太强，会给人一种急功近利的印象。谁会喜欢这种强买强卖的方式呢？所以，多观察、多思考、多为对方着想，在不影响对方正常工作、生活的前提下，可以多打感情牌。当对方产生同理心时，你接下来的工作就好做了。

有一位农民发明家研发了一款"秸秆耐火砖"。当他生产出第一批货时，投资商要求他在一个月内销售 10 万块，才会对他进行投资。这对于一个从未做过销售的农民发明家来说，简直是一个难于登天的任务。

为了拿到投资，他在附近乡镇的集市上搞了一个推广会。他说："俺是个农民，这几年整出这点东西已经够费力了，投资方要求我在一个月内销售 10 万块耐火砖，这实在是赶鸭子上架。可是我不卖出这个数量的耐火砖，投资商就不给投资，那我这么多年的心血就白白付出了。这耐火砖怎么样，我也不跟大伙吹，不过有两点可以保证：第一，这是我花了

5 年时间整出来的，我自己家和亲戚朋友家盖房都用它；第二，耐火砖现在是个专利，专利是啥我也不太清楚，反正我保证它跟普通砖头一样耐砸又耐烧。说实话，俺毕竟是个乡下人，卖东西实在不行，只能硬着头皮来找大伙帮忙。当然，买不买随您的便，乡里乡亲的也别磨不开面子。如果觉得这个东西能用，家里又要盖房，您不妨买点回去试试，算是帮我一个忙。您如果不放心质量，我这有锤子，有火盆、喷枪，还有普通砖头，您尽管尝试。谢谢大家！"

他说完后，有几家小建材商采购了一小批，结果销量还不错。后来，他们不仅自己继续进货，还给农民发明家介绍了许多新客户。

故事中的农民发明家让潜在客户看到了诚意。不用过多的话语，也不用太多的技巧，软销售的魅力就在于此。

客户和销售本是陌生人，一个好的开头，就可能促成一桩美妙的生意。

利用好奇心，吸引客户注意

好奇心人皆有之，越是神秘的东西，越能激发人们的探求欲。如今，市场竞争激烈，产品的差异化越来越小，广告做得越来越新奇，该如何吸引客户的目光呢？如何在众多产品中脱颖而出？这些问题困扰着广大新老销售。

只要用心观察就会发现，销售与男女相亲在某些方面有相似之处。相亲时，如果对方在整个见面过程中都不怎么说话，但时而露出不易揣测的表情，就会产生不一样的魅力。他们可能或优秀或平庸，或内向或外向，但只要能产生神秘感，就能勾起对方的好奇心。

人们在这种好奇心的驱动下，很可能会产生一种莫名的喜欢。销售也是这样。要学会营造产品的神秘感，让客户主动了解产品信息；学会打造销售人员的神秘感，让客户冲着人来看产品。

与其直接把产品送到客户眼前，让客户毫无惊喜，倒不如给产品披上一件神秘的外衣，这样一来，不用销售人员介绍，走过路过的客户都会产生强烈的好奇心，被产品吸引。为什么会出现这种情况？因为大家对未知的人或事都有探究的欲望，而销售人员正是利用这一点来吸引客户注意。

这下我们明白，销售人员和产品的命运都掌握在销售人员的手里。如果想做一个有魅力的销售，就要学会增加神秘感。当客户产生好奇心及更大的想象空间，他们就会不断地提出各种问题："这是什么产品？""有什么用处？""他怎么这么忙？""他的客户是不是很多？"……好奇心能带来销量，这早已得到证实。

小华在网上开了一家店，主要卖小孩的衣服。由于童装市场竞争太激烈，小华的生意很不好，偶尔靠朋友介绍拉来几个客户，需求量也很小。一个偶然的机会，有个客户问他："你这儿有没有一套衣服的搭配？有的话，我们就省了给孩子搭配的时间，直接穿出去就可以。"虽然小华当时并没有这项服务，但他还是肯定地告诉客户："有！"他临时抱佛脚，给客户搭配出一套衣服来，顺利地把衣服卖了出去。

这次经历让小华灵机一动，为什么不事先把衣服搭配好，然后放在一个福袋里，不公开产品信息，只公开产品价格，给客户一个惊喜呢？说干就干，他试着在网上做了几个不同价位的福袋，并在上面标明价格和衣服的类型、尺码，只是不放图片。

这个活动很快就吸引了许多客户，大家纷纷下单。喜出望外的小华利用人们的好奇心，继续推出一系列活动，效果都不错。

这件事告诉我们，即便产品不算有特点，但只要利用一个"点"让客户产生好奇心，那么十有八九就成功了。就像某品牌手机一样，在问世之前，产品方策划了多个广告，介绍它与众不同的优势，但偏偏不把手机全貌拍出来给大家看。这种带有悬念的广告经多次推出之后，客户的好奇心被勾了起来。付定金的人越来越多，大家都想一睹芳容。

销售人员不仅需要给产品打造神秘感，也需要给自己营造神秘感，通过人格魅力吸引客户。有个销售人员特别聪明，跟客户第一次见面时并不会聊太多，但一定会留下自己的名片。有意向的客户给他打电话沟通时，他总是客气地回复："抱歉，我现在有点忙不方便，等会儿给您回电话。"即使他根本没有事情在忙，也宁愿挂掉电话等会儿再给客户打过去。

这样做有什么好处？突显自己的忙碌，是证明自己价值的一种方式。你并不需要告诉客户自己在忙什么事，是开会还是拜访其他客户，这样可以留给客户更多的想象空间。我们通常觉得拜访客户很困难，何不反其道而行之？当客户有见面需求时，不妨拒绝他一两次，利用神秘感让他产生危机感，从而保证产品销量。

利用客户的好奇心，制造不一样的销售经历，需要我们注意什么呢？

1. 直击卖点，创意先行

有人说，现在的广告播完都不知道是什么产品，太让人好奇了。"让心灵去旅行"这种广告词，大家能猜出来是什么产品的广告吗？没错，就是香烟。这么含蓄而富有诗意的广告，很难不抓住人们的好奇心。

人人都有好奇心，如果能好好利用这一心理，就能走一条销售"捷径"，在给自己的工作增加成绩的同时，还带来一点刺激与趣味。

2. 介绍产品时，言之有据

提炼卖点绝不是漫无边际的凭空想象，而是建立在品牌、产品之上，提炼出来的卖点要经得起推敲，更重要的是让客户信服。产品的卖点通常不止一个，而将其中一个卖点提炼为核心卖点的基础建立在产品实物上。是否"确有其实"，是诚信与忽悠的分水岭。

客户得知产品的核心卖点时，一般会想："他凭什么这么说？"这时，你要有足够的说服力。通俗地说，你要传递给消费者独特的、具有说服力的"亮点"。这一"亮点"也许同类产品也具备，关键是看谁能先说出来、讲清楚，并让客户认为这一特色与优势是你独有的。

第二章　看穿

销售洗脑的前提是，知道客户想什么

☑ 客户为什么买？你心里要明白

☑ 区分客户，说对方能听懂的话

☑ 知道客户需求，推介才有准头

☑ 观察客户性格，选择合适的话

☑ 从客户的肢体语言，读懂其真实需求

客户为什么买？你心里要明白

　　不少销售人员喜欢"开门见山"，只要看到客户，不管三七二十一就开始推销产品。为什么他们的行事方式如此简单？因为他们给自己定错了位，从根本上误解了自己的职业。销售是一种艺术，把对方需要的产品卖给他，满足其购买需求，才是销售的真谛。

　　如果不明白客户究竟为什么购买，或者为什么不购买，只一味地按照自己的思路强行推销，那么这种思路就过于死板。销售人员的辛苦之处也在于此，他们卖力地向客户推销、讲解，口干舌燥，但客户就是不买账。"对不起，我不需要这个产品。"听到这种回复，大家是不是很崩溃呢？

　　谁不想自己的努力能换来回报，靠自己的双手换来业绩？可做不到对症下药，找不到也触发不了客户的购买动机，产品就卖不出去，也就没有好业绩，更没有继续奋斗的动力。

怨天尤人是没有用的，只有找到原因才能做出改变。问题的重点是，现在许多人还很迷茫：不知道是产品的问题，还是价格的原因；客户是不喜欢我这个人，还是我的方法有问题。其实，最后一个问题才是关键——销售方法不对。

　　商场里进来一位客户，促销员马上带着职业微笑迎了上去，说："先生您好，今天我们有活动，买一送一，还有小礼品。"

　　客户拒绝道："我不需要，谢谢。"

　　促销员不放弃地说："您看看这边的产品，都是新款，质量特别好，跟您的气质也很搭。"

　　客户着急地说："这个我也不需要。"

　　促销员依然面不改色地说："先生您看看这边，经典款式，之前从来不打折，今天是第一次打折，您错过肯定会后悔的。"

　　客户最后愤怒地说："我不需要，我只是进来找个洗手间！"

听了这个回答，促销员十分尴尬，谁能想到这个回答呢？但是我们仔细回想，是客户没有表述还是促销员一开始就忽略了？这个问题的责任很大部分在销售人员身上，因为他一开始就没问客户需要什么，而是直接推销自己的产品。要想产品能卖出去，除了关注质量和价格因素外，还需要看客户是否有购买动机。

客户的购买欲望，需要有合适的购买动机来推动。购买动机是可遇不可求的吗？或许有人认为，只要客户缺某样东西，就会产生购买行为。但这种理解是片面的。客户的购买动机，一方面是自然形成的，另一方面是人工触发的。前者很容易理解，就是客户意识到自己需要购买某样东西；而人工触发就需要销售人员开动脑筋，通过研究客户的消费心理，引发他们的购买行为，并满足他们的需求。

我们为什么要强调对症下药，就是这个原因。不懂客户消费心理的销售是不合格的。如果做不到主动引发客户的购买动机，更谈不上从菜鸟到王牌销售的蜕变。

还是谈谈我们都熟悉的"朋友圈"吧。最开始，大家在朋友圈发美图、写心声、分享生活。后来，有人开始在朋友圈发广告，有直接的硬广告，也有煽情的软广告。朋友圈里的广告越来越多，大家一开始觉得新鲜，但后来就逐渐屏蔽了。

小蒙始终坚持做微商生意，并且越做越红火。他不卖烟也不卖酒，不卖零食也不卖衣服，专卖美妆。虽然日常生活中用化妆品的大多是女性，但他的客户却是男性占大多数。不可思议的是，他的生意非常不错，每天都有持续的走量。

商场里的化妆品专柜大家都见过，男人大多是路过，女人才是常客。但在小蒙的一手策划下，完美地触发了男性客户的购买动机，还吸引了不少回头客。小蒙是如何说服男性客户购买的呢？

"昨晚哥们儿又喝多了，回到家就看到媳妇生气了。他一紧张掏出一样东西送给媳妇，结果媳妇就不生气了。想知道他送的是什么礼物吗？"这条朋友圈一发出就有不少人在底下留言。等到人气聚集得差不多了，小蒙才揭开谜底："他从我这里买了一套化妆品，正是他媳妇喜欢的那一款！想让媳妇高兴的，都来找我吧！"

小蒙没有强买强卖，只是传递给男性客户一个观念，并通过这种观念引发客户的购买动机。如果有人在朋友圈看了他的广告并了解更多产品信息，那么机会就来了，小蒙会通过针对性的销售服务留住客户，卖出产品。

其实，买卖并不难，难的是理解与引导。不愿意喝水的动物，即便人们用武力按下它的头，也难以逼迫它喝水。难道是它讨厌喝水吗？当然不是，水是生命之源，所有动物都要喝水。它此时此刻不喝水，是因为并不需要。如果此时你给它喂食很多干草、干饲料，它就会主动找水喝。

有人认为，大家都需要基本的生活用品，所以不需要触发和引导，结果客源白白流失；有人认为，奢侈品不好卖，但偏偏有同行做得风生水起，令人羡慕。不管是日常用品还是奢侈品，销售人员只要找到客户的购买动机，就找到了商机。如果销售人员不能了解客户需求，无法让客户产生购买欲望，即便产品再好，也毫无吸引力。

销售人员要如何了解客户需求，找到客户的购买动机呢？

1.冷静观察客户言行，准确定位

销售人员要想准确定位客户需求，就要培养观察和分析的能力。同样是卖杯子，年轻人喜欢卡通或者新潮的款式，老年人喜欢大容量、物美价廉的保温杯。究竟是通过外观还是产品用途来介绍，都建立在观察客户的基础上。

2.具体情况具体分析，对症下药

客户的消费动机有深浅之分。浅层次的消费动机无须激发，客户会主动找销售人员了解并购买；深层次的消费动机，或许客户自己都没有意识到，就需要销售的引导和诱发。

比如，父母没有准备给孩子买专业的学习桌椅，因为孩子太小还没入学。但是销售人员从大环境分析，从孩子的体型与健康入手，让家长意识到学习桌椅的重要性和必要性，就会重新考虑这方面的需求。

身为销售，谁不愿意看到客户主动找上门来？但是这种客户主动找上门来的情况毕竟不是时时如我们所愿，所以我们要注意分析客户需求，对症下药，激发客户的购买动机。

区分客户，说对方能听懂的话

沟通的重要性不言而喻。不管是闲聊还是谈正事，我们沟通都有共同的目标：让对方听懂。这个道理谁都明白，但问题是，你确定你说的话真的能让对方听懂吗？不管是直白的表述，还是反问或疑问，都要正确传达自己的意思，让对方准确无误地理解。

有时候我们只顾着自己说，却不知道对方压根没有听懂。同样一句话，不同的人有不同的理解。说话的人与听话的人都会受到很多因素的影响，比如语气、情绪或场合等，所以一定要保证对方能听懂我们所说的话。

销售人员每天都要面对各种人，这就对我们的沟通能力提出新的要求。同样是讲解产品知识，面对的客户群体不同，我们就要用不同的方式解说。如果做不到这一点，不管说多久，语气多诚挚，都可能无济于事。浪费时间和精力不是最可怕的，可怕的是明明付出了，却没有收获。

　　小乐在一家商场里做家电销售，成绩有目共睹，是大家公认的王牌销售。他每天都要接待很多客户，神奇的是，不管什么样的客户，他都能应对自如。

　　比如，店里来了一对夫妻，刚搬新家的他们准备选购一款电视。他们看了一圈，在小乐负责的区域停下来指着其中一款电视问："你好，这个电视是最新款吗？有什么特别的地方吗？"

　　小乐早就观察他们了，认定这是一对对电子产品感兴趣的夫妻。所以，他这样介绍："两位真是好眼光。这是现在比较火的智能电视。您把电视安装好，只要连上无线网络，电视机中已经装好的系统就能下载各种应用软件，资源特别丰富。另外，这款电视也支持HDMI（高清晰度多媒体接口），还可以通过USB（通用串行总线）传送内容，您说是不是非常方便……您再看看电视外屏，是现在流行的曲面屏幕，分辨率非常高。"

　　听着小乐的介绍，这对夫妻不停地点头，表示满意。

面对这类客户群体，销售人员要多运用产品手册上的术语，既能吸引客户，也能让自己的介绍显得更专业。这个事件不是小乐运气好，而是他懂得说客户喜欢且能听明白的话。从技术角度来说，小乐的介绍非常专业，相关名词术语表达准确。年轻人对各种数据、专业名词都不陌生，他们更喜欢对这些电子参数进行对比，以获得更直观的了解。

　　小乐又迎来另一种类型的客户，一位大妈独自来家电区看产品。小乐迎上去做介绍："阿姨，您喜欢哪一款？看好了我跟您说说功能。"大妈看着一款标着中等价位的电视问："这款电视怎么样，我看大小还挺合适的。"

　　小乐看了看那款电视，开始解说："阿姨，您眼光真好，这款电视我们卖得最好，既实用又优惠，而且智能。您把它买回家就省了有线电视节目费，我们工作人员可以帮您连上家里的网络，想看什么节目都可以。您的手机也能和电视连接，想看看儿孙的照片或者视频都可以传到电视上看。您的手机还能当遥控器，手机上正在播放的电视剧、电影，只要按一下按键，就能够转到电视上了，非常方便。这个电视屏幕还有保护眼睛的功能，看久了眼睛也不会酸疼。您看看，这电视的画面可比大头电视清楚好多倍，画质特别好。"

　　听了小乐的介绍，阿姨点头表示满意，说："听你这么说，我操作起来应该也不难，你说的这些我都能听懂。功能确实挺多的，价格我也能接受，你到时候都帮我调好，应该没问题吧？"

不用多说，小乐又卖出去一台电视。他用了与之前完全不同的介绍方式，让中老年人也能听懂这些新的电视功能。虽然他没有说专业术语，但是描述到位，客户也能听懂。这种沟通技巧甚至比第一种介绍方式更需要智慧。

试想，如果小乐颠倒了这两种介绍方式，会有什么样的结果？他用通俗的话语向年轻夫妻介绍电视，对方虽然能听懂，但肯定认为这个导购不够专业；他使用一堆专业术语向阿姨介绍电视，对方听不懂，失去购买意愿。

所以，我们要因人而异，说对方能听得懂的话。究竟是用专业术语还是简洁通俗的话，要视客户情况而定。

1. 把握谈话节奏，突出重点

说话是一门艺术，沟通讲究技巧。如何让对方听懂自己的话？首先，把握对话节奏。长篇大论容易跑题，有计划、有重点地表述，能使对方有更加直观清晰的理解。其次，把握对话核心，重点讲述重要内容。

2. 正确选择专业词语或简洁通俗的语言

每件产品都有自己的专业术语，但销售该不该说，该怎么说，都是问题。年轻人与时俱进，了解大部分的专业术语。但如果客户年龄偏大，销售就要重新考虑自己的用词，即便使用专业术语，也需要适当解释，确保客户能够听懂。

3. 避免相互猜测，产生误解

当我们遇到内向或者自尊心强的客户时，需要想办法确定对方是不是真的听懂了我们的介绍。不管是直言直语还是委婉询问，都要确定一下，避免双方都在猜测，反而容易产生误解。

沟通的方式很多，自说自话要不得。客户对我们有好感是基于相互理解，所以说对方能听得懂的话，既是一种尊重，更是一种智慧，还是成功的捷径。

知道客户需求，推介才有准头

我们一直强调客户需求的重要性，既是为客户考虑，也是为销售指路。这一点虽为我们所知，却往往运用不当，或者根本不以为意。心理学告诉我们，人都是先注意到与自己有紧密联系的事物。不管是交友还是购物，客户的"喜欢"是最重要的。他们对内心想得到的东西，才会产生争取和占有的意识。

销售人员应该把注意力从产品中分一些出来，给客户的真实需求。同样是推销产品，我们要学会区别介绍。客户关心价格，我们就重点介绍价格优势或者折扣优惠；客户在意产品外观，我们就突出产品的设计。这样才能提高工作效率。

应该说，找准客户需求只是第一步，接下来要把自己的产品和推介词往这上面靠拢。销售万变不离其宗，就是紧贴客户需求，让客户顺利接受产品。否则，即便说破了天，累出了汗，也只是无用的付出。

　　小周开了一家二手房小公司，他既是老板又是员工，很辛苦。

　　小周对待自己的客户就一条原则，搞明白他们的需求，再看手里的产品。如果两者能够无缝对接，自然是好；如果产品不符合客户需求，他也会挑出一款契合度最高的产品并向客户介绍。

　　一天，公司来了位风度翩翩的客户，一看就知道是有品位的人。他进门之后就要求看房子，小周赶忙打开电脑展示自己的房源，但是客户看了许久都不满意。其间，客户的手机频繁地响起来。他接电话的语气比较急躁，看样子是有急事要处理。

　　小周见状主动说："先生，您是不是有急事要处理？如果特别着急，不如您先去。咱们加个微信，我有合适的房源就给您发过去，您觉得合适了咱们就去看房子，不合适的话，我就继续帮您留意着，直到给您找到合适的。"

　　听了这话，客户赶忙拿出手机，加了好友，然后匆匆离去。小周认真研究客户的朋友圈，猜测他可能是一位专业画家，还带着几个学生，经常办画展。那么，他可能是想寻找一处风景优美、环境安静的房子，而且一定要宽敞，最好是简单装修过。

　　想到这些，小周挑出两套合适的房源给客户发了过去，并留言："先生您好，这是我们店新出的两套房源。那里交通便利，位置优越，活动空间非常大，既可以自己家住，也可以作为商业用房。您有时间去看看吗？"

　　很快，客户回复："好的，我一会儿就过去。"看来客户对这两套房源都挺满意。果然，客户挑选了其中一套作为长期租房，当天就签合同付钱了。

　　客户临走的时候，握着小周的手真诚地说："谢谢你，你给我推荐的这两套房子都挺合适的。我就是想找一个装修简简单单的房子，最好只有大白墙，既可自己住，还能当工作室。你这速度真够可以的。我记得我没说过这些要求，你是怎么知道我喜欢什么样的房子呢？"

　　小周没有说出他的推断，只是说"赶巧了"。客户的隐私是不能随意拿出来评论的。

　　其实，房子还是那些房子，并没有新房源；客户也是那个客户，没有改变过自己的要求。这单生意成交的关键在于，小周从客户角度出发，通过细致的观察和推理分析出客户的实际需求，并对现有房源进行筛选，满足了客户需求。

　　有人认为，这种方法只是在碰运气，现实中操作起来比较难。

虽然案例中有碰运气的成分，但这不是重点，重点是销售人员要知道掌握客户需求的重要性，至于能不能灵活运用，愿不愿意使用就看销售个人了。有人虽然深知这一点，却始终做不到。遇到客户就不由自主地推介产品，没有丝毫的针对性。这该怎么办呢？

1. 筛选产品卖点，熟练掌握产品知识

世界上最不好的销售方式就是对着所有客户背说明书，这是既累又不讨好的方法。作为一个明智的想"偷懒"的销售人员，一定要做好产品知识的功课，对自己负责的产品了解透彻，并学会分类总结。因为简单、容易理解的产品卖点，更能打动客户。销售在自己的脑子里做一个思维导图，遇到不同类型的客户，从开始就做有重点的介绍。这不但省事省时省力，还能让客户第一时间就心中有数，了解产品。

2. 筛选客户特征，分类对待

武功的最高境界是无招胜有招，做销售也一样。一提客户分类，销售人员都表示头疼，因为客户多，各种条件千变万化。然而，产品品类是固定的，面向的客户群体也相对稳定，我们只需在几个重要元素中分类筛选即可。比如，重点分析客户的喜好、经济条件和购买风格等，这样就能了解他们的消费观。

3. 结合客户需求，推出产品优势

如果探知到客户有消费需求，下一步就是做"连连看"。

所谓"连连看"，就是把客户需求与产品优势结合起来，再讲给客户听。当客户被告知自己将从产品中得到益处，自然会心动。

4. 把握良机，莫失莫忘

客户是善变的，这点我们必须承认。他们本来要买甲，可能看到乙就改主意了；本来喜欢我们的品牌，却突然想去隔壁铺子看看。这时，我们要做的就是不要给客户留太多思考与衡量的机会。前期，我们通过积极引导，挖掘客户的实际需求，接下来就要抓住机会推介产品。

客户的需求或明或暗，需要你有发现的眼睛；产品优势不走也不跑，就看你能否正确地送到客户眼前。以客户需求为中心，使产品向需求靠拢，是我们赢得胜利的关键。

观察客户性格，选择合适的话

销售的过程其实也是交朋友的过程。我们周围总是有各种不同性格的人，他们或温和，或要强，或暴躁，或安静……这就需要我们用灵活的方式来面对。

大千世界，无奇不有，销售宝典里没有万能定律。所以，我们要积极探索面对的每个客户，因为销售这个职业就是在跟人打交道，归根结底是为人服务。销售人员研究客户的性格特征，了解他们的说话方式、行事风格，以便有针对性地调整说话方式和销售策略。

有些人以为自己有非常棒的口才，天生能够自来熟，就不重视对客户性格的研究，但他们千篇一律的对话和相处模式，并不一定适合每个客户。口才好并不意味着工作能力强，更不意味高业绩。

　　二手房销售员小真平常并不是巧言善辩的人，但她的业绩一直都是前三名，拿的奖金也很多。很多同事不明白她是如何把房子卖出去的，纷纷向她请教。她只说了3个字："多观察。"观察什么呢？我们还是先从她的一个销售案例中来找找答案吧。

　　有一次，一位男士来到公司，小真负责接待他。这位客户40岁出头，在信息板前看来看去，好像并没有看中的房子。于是，小真向他推荐了几套不错的房子。他对其中一套房子挺满意，说："这房子南北通透，住起来应该会比较舒服。这房子环境真好，档次挺高，小区绿化率也不错。"

　　小真边介绍房子边听客户评论。当她介绍到一个100平方米的房源时，客户仔细听了很久，却没有说话。客户显然是对这套房子感兴趣。小真赶紧为他介绍房子的优点，着重指出这是新出的房源，很多人都有购买意向，并且强烈建议他去看看房子。

　　看到客户有点犹豫，小真马上说："公司出车，您看了不买也没关系。"于是，两个人就一同去看房了。果然，那套房子在二手房中性价比很高，不仅装修好，可拎包入住，而且小区环境和物业都不错。看得出来，客户对这套房子很满意。

　　客户还是犹豫，说："我还没想好，买房子是大事，我回家跟家里人商量一下再说吧。"

小真通过观察知道这是一位犹豫型客户，做事犹豫，不能很快下决心，但是也比较愿意听别人的意见。只要销售人员能"推"一把，他们很快就能做出决定。

于是，小真笑着说："先生，您的眼光真好！这套房非常不错，您已经感受过了，我说的没错吧！而且很多人都有购买意向，只不过没定下时间来看。如果您现在定不下来，恐怕就被别人抢走了。"

小真继续说："您今天看了不少房子，是不是就这套房子性价比最高？如果您看好了，可以先付定金，然后让您的家人来看看，再付款签合同，否则就可能没有这么好的机会了。"

客户听完小真的话，立即表示要先付定金。但在刷卡的时候，他又犹豫了，说："我这么快就买了一套房，是不是太冲动了？"

小真决定再加一把火，于是笑着说："先生，好的机会可遇而不可求。您的眼光好，我卖了这么多年的房子，能够成功买到自己喜欢的房子的，都是像您一样有眼光且不犹豫的客户。您的家人肯定也会喜欢这套房。"小真说完，这位客户毫不犹豫地付了定金。

如果小真没有认真观察客户的一举一动，不了解客户的性格特征和心理特征，就不会做出"推一把"的决定。如果小真坐在原地等待客户做决定，恐怕这笔订单就飞走了。在销售过程中，想要提高自己的业绩，我们就要根据客户的性格进行有效沟通，做到具体问题具体分析。

1. 犹豫不定却听他人意见的客户

小真接待的客户就是典型的犹豫型客户，他们即便看中某样产品，也很难下决心购买，因为做决定对他们来说是一件很难的事情。但是这样的客户却很好沟通，他们愿意与销售人员沟通，也能够听销售人员的建议，我们想要接近他们并不难，甚至能够成为好朋友，他们不会计较我们为了推销产品而表现出的过度热情。

所以，不要怕说多了会让他们产生抗拒，因为他们的性格决定了他们的沟通方式，了解得越多才越有安全感。销售人员要真诚面对，站在客户的角度考虑问题，为他们提供优质服务。

我们甚至可以用优惠日期截止、产品库存不够或者购买人数多等理由，帮助客户做决定。如果能让他们产生信赖感，那就更棒了。在他们犹豫不决的时候，千万别放任他们自己思考，因为想来想去也许就放弃了。

2. 有主见难说服的客户

大家都遇到过难说服的客户，因为他们太有主见了。这样的人是领导型客户，销售人员很难说服他们，他们通常善于把握事情的全局和大方向，只要是他们认定的事，就很难被说服。

遇到这样的客户，只能听天由命？千万别这么想。我们虽然不能说服他们，却可以为他们服务。我们靠自己的专业知识和谦逊的态度，也许就能让他们重新评估自己的想法。赢得客户的信任后，就可以保持合作，因为他们购物通常都带有倾向性。

这类客户的自尊心比较强。销售人员一方面要满足他们的购物需求，另一方面也要顾及他们的自尊心，并在此基础上，避免被客户的态度牵着鼻子走。销售人员就是在沟通中，利用自己掌握的沟通技巧，展现自己的专业性，这一点很重要。

3. 谨小慎微的客户

这类客户之所以小心是因为不想犯错。他们不管是对人还是对物，都需要通过自己的观察来决定。谈话时，他们会认真倾听，不会打断销售人员的推介，但也不会轻易相信对方的话，更不会轻易被对方说服。

虽然他们不怎么说话，但内心早已胸有成竹。不要觉得闷声不语的人容易被说服，实际上他们有自己的评价标准，所以这类客户也不容易被搞定。那么该如何面对他们呢？首先，建议你一定要实事求是，并以不卑不亢的态度面对他们，让他们感受到你是诚心诚意地想为他们提供选择的空间。他们虽然谨慎，却不是不近人情，销售人员适当地以诚挚的态度告诉客户一些产品的瑕疵，反而能让他们产生信赖。

4.冲动型客户

有些客户总是风风火火地冲进来，又急匆匆地走出去。也许他们并没有十万火急的事，只不过是受冲动性格的影响。这类客户的购物原则很简单，就是一见钟情。只要他们第一眼心动了，就不会在意其他细枝末节。跟这样的客户沟通就要直击重点，突出产品最吸引人的地方。不要浪费自己的时间，也不要浪费对方的时间，痛快果断地促进交易就足够了。

这4种类型的客户只是我们做的一个大概分类，实际上每个人都是独特的。因此，销售人员要多积累，多观察，多总结，只要掌握客户的性格特征和心理需求，很多难题就会迎刃而解。

从客户的肢体语言，读懂其真实需求

人们在日常生活中会同时运用口头语言和肢体语言。耳朵用来听，眼睛用来看，嘴巴用来说，销售人员应该同时运用这几种方式来揣摩客户的意愿。研究表明，人们可以通过控制自己的语言来掩饰情绪，却无法克制自然而然的小动作。客户的肢体语言，通常更具有真实性。

研究表明，人们在交流过程中，靠口头语言表达意愿的仅占1/3，剩下的部分一般靠肢体语言完成。所以，销售人员要学会细致入微的观察，重视对肢体语言的理解。在面对面交流时，我们的五官和大脑要积极配合，千万不要忽略客户的肢体语言。

认真领会客户的肢体语言，实际上是把握成功的机会。因为客户不一定会用语言表述自己的心思，却可能会不自觉地用肢体动作来"告白"。如果销售人员能迅速准确地理解这些动作表示的意思，就能把握沟通中出现的分歧，然后想办法解决。如果销售人员无法通过对方的言行猜透正确的含义，就极有可能将客户"拒之门外"。

了解肢体语言，既需要一定的专业知识，也要靠平时的观察和积累。一些通俗易懂的肢体语言知识我们都懂，比如，客户生气了会皱眉头，有戒心会抱臂，纠结时会搓搓双手……这些小动作都是情绪的体现，也是心思的流露。如果我们能准确把握，即便客户什么也没说，也难不倒我们。

小王是一家公司新来的销售，公司让他跟着老业务员钱经理学习。有一次，钱经理带着他去客户公司谈合同。

客户也是有备而来。他们准备了几个方案，都是关于价格谈判的。第一次谈判就比较狠，要求降价 20%。就在客户说出这个数字的时候，钱经理发现客户快速地摸了一下鼻子，推了一下眼镜。这是什么意思呢？这个降幅公司肯定不会接受，谁也不愿意做赔本的买卖。所以，钱经理没有同意对方的要求，说："我们今天就是奔着签合同来的，您说的价格我们确实没有办法接受，公司肯定不能赔钱供货。为了节省咱们的时间，我可以把底线告诉您，最大降幅是 15%。"

小王发现，钱经理说完之后，客户并没有直接表态，这让小王有点失望。没想到过了一会儿，钱经理默默地点了点头，开始签字盖章。这让小王非常意外。

在回去的路上，钱经理主动给小王上课，问："小王，你今天有什么收获，又有什么问题？"

小王一看钱经理心情这么好，就赶紧凑上去问："经理，我就想知道，您是怎么知道客户接受了我们提的最后价格？我都没听到他说一个字，您就把合同递了过去。"

听到这个问题，钱经理哈哈大笑，说："我早就告诉过你要多看。看什么呢？重点就是客户的肢体动作。你一定注意到他提20%降幅的时候，揉鼻子推眼镜，其实他也不是很自信，怕降得太多太过分。后来，我提了公司的最大降幅，他又换了个姿势，双手交叉抱在胸前，但大拇指又在外面竖起来。其实，这不是无意的动作，而是在表示一种肯定。所以，不用他给我口头肯定，我就能领会到。客户不方便直接说出来的话，我们要通过他的肢体语言来推测。"

钱经理继续说："小伙子，慢慢学，做咱们这行需要眼观六路、耳听八方。如果能做到正确解读客户的肢体语言，就能更快地成交。要知道，嘴巴可以随意说出口是心非的话，但肢体语言却是内心真实想法的展现。想做好销售，就要时刻把握客户的心理活动，了解对方的意愿，在销售过程中有针对性地做决定。"

如何通过肢体语言读懂客户的真实需求呢？

1. 重点观察表情和双手动作

大部分情况下，我们跟客户是坐着交谈。既要沟通到位还要观察到位，不是件容易的事，所以必须把握重点。一般来说，客户的情绪会通过五官，也会通过动作来展现，这就是我们观察的重点。

有购买意愿的客户：如果客户跟销售人员有眼神交流，偶尔还会睁大自己的眼睛，或者无意地摸摸自己的头发，脸色还有点发红……这些都是有购买意愿的象征，此时再努努力，就能引导客户促成交易。

没有购买意愿的客户：客户眼神游离，不停地敲桌子或者玩手指，这表明客户没有购买意愿，并且已经感到厌烦了。如果客户开始眯着眼，偶尔握紧拳头，就说明他们已经产生逆反心理，此时应转换话题或者改日再谈。

2. 把握成交"信号"，不失时机促成交易

在销售活动中，最难把握的是成交机会，但客户并非无懈可击，只要细心观察就能看到客户给出的信号。捕捉到信号后，销售人员要不早也不晚地把握成交时机，促成交易。

第三章 听懂

大订单销售，80% 要靠耳朵来完成

☑ 善于倾听，销售也能成功

☑ 客户再挑剔，也要耐心地服务

☑ 关注客户购买需求，及时做出回应

☑ 听出客户兴趣点，找到话题切入点

☑ 客户说法有错，可以合理反驳

善于倾听，销售也能成功

很多朋友会说："我不敢做销售，做销售需要口才好，我嘴这么笨，肯定做不好。"其实，这是人们对销售工作的误解，也是销售人员本身容易走入的误区。世界上没有仅靠眼神交流而成交的生意，大家都是一张嘴行走天下。但是，如果你认为说得越多就越能说服客户，那就大错特错了。

销售工作虽然需要好口才，但口才不是决定性因素。我们长了两只眼、两只耳朵、一张嘴，就是要我们多看多听，而不是多说。跟客户交流的时候，有些销售人员希望多说一些再多说一些，以为这样就可以让客户产生购买欲望。然而，销售人员竭尽全力抢过来的主动权，以为在与客户的交流中占了主导位置，却万万没想到居然会"输"。被填鸭式灌输产品知识的客户，不仅没有被打动，还有可能产生埋怨。

所谓交流，必然是你一言我一语，双向沟通才是成功的。如果只是销售一方不停地说，却忽略了客户诉求，其实是失败的沟通。不管在任何场合，如果交谈一方滔滔不绝，不给另一方说话的机会，必然是白费功夫，销售工作更是如此。如果我们只顾着自己表达，就得不到客户的回应，也无法得知客户的需求。看似和谐的沟通，实际上如同空中楼阁，非常容易倒塌，而且一旦倒塌就无法挽救。

给客户说话的机会，用心倾听有用的信息，既是尊重客户的表现，也是帮助销售人员打破尴尬的方式。想要做合格的销售人员，就要从学会倾听开始，毕竟会说的人很多，会听的人却很少。

　　小陈负责的几位老客户的订货量下滑，打电话问原因他们也不说。老板找他谈了几次，让他找出原因，不然这个月的奖金就泡汤了。

　　无奈之下，小陈决定邀请客户王经理出来了解情况。王经理是几位客户中比较好说话的，虽然他特别忙，但还是答应中午跟小陈一起吃饭。

　　小陈知道机会难得，于是订了一个雅致的饭店，提前半小时坐在那里点好饭菜，等着王经理。见面之后，小陈赶紧站起来，又是握手又是倒茶，还特别感谢王经理能来。相互寒暄之后，两个人都落座了。

　　小陈是个急性子，还没等王经理拿起筷子吃东西，就急迫地问："王经理，您最近怎么不订我家的耗材了？您是我的大客户，您这一不要货，兄弟我都开不出工资了，老板都快解雇我了。不管是谈感情还是谈产品质量、价格，咱哥俩都好说，您得告诉我是什么原因啊。"

　　"你说的没错，最近公司耗材订的是有点少。你说的都是实情，这么多年一直都用你家的产品，质量和价格我确实放心……"王经理刚想好好地说说时，却被小陈抢去话头："就是啊，这么多年您都用我家产品，说明我们在市场上是经得住考验的。您还是我家的老客户，我自己吃亏都不敢让您吃亏。您选了我们合作，我们肯定会尽力的。"

　　"这不是尽不尽力的问题，我相信你们的产品，咱俩交情也不错。不过，不是这方面的原因……"王经理慢条斯理地说。

　　"那究竟是什么原因？您知道我们的情况，维护客户不容易。但您突然不采购我家耗材了，是不是嫌东西贵？真的不能再便宜了。您到市面上打听一下，真的质优价低。"小陈再次打断王经理的话。

　　王经理已经有些不耐烦了，一向好脾气的他，此刻面露愠色，即便这样，他还是插不进去话。小陈仍自顾自地说个不停："您如果对我或者我们公司有什么意见或者建议，不要直接拉黑我们，给我们一个改正的机会。看在这么多年合作的份儿上，您告诉我究竟是什么原因，不要直接就把我们抛弃了，这样我没办法跟老板交代啊。"

小陈自顾自地说了很多，王经理实在忍不住了，生气地大声说："是，我没有采购你们的产品是有原因的，我今天来就是想告诉你原因！但你一直打断我说话，不给我说话的机会。我知道你有压力，但是小伙子，我今天要告诉你一句话：心急吃不了热豆腐！你不让我说话，还想知道原因，别做梦了！"说完，王经理拂袖而去。

做一个讨人喜欢的销售人员，就要学会在合适的时候闭嘴。多听、多看、多总结与思考，才是销售的说话之道。

1. 提高倾听的专注力，心无旁骛

认真倾听是会听的重要指标，不论是一对一还是多对多交流，只要客户在说话，销售人员就要提高自己的专注力，认真倾听客户表达的观点。这么做有两大好处，一是表达对客户的尊重，二是了解客户的需求。两者结合起来，既能让客户心情舒畅，还能促进洽谈。

2. 手机静音，避免外界干扰

这一条很多人都容易忽略。真正的销售高手会在交流前把手

机调成静音或震动模式，全身心投入地与客户交流。当代人极度依赖手机，销售人员应该尽量减少看手机的次数，营造一个舒适且互相尊重的对话环境。

如果真的有重要电话，也要等到合适的时候再打断客户，并说明原因，之后再去一边回电话和信息。

3.切莫急于纠正客户的错误

虽然明知道不能随意打断客户，但还是有人按捺不住，尤其是当他们听到客户的表述有错误时，总是急于纠正。但是，在客户谈兴正浓时，突然打断且纠正他的错误，是不是会让对方尴尬呢？不如静静倾听，等有合适的机会再做解释。

4.会听的人听门道

耳朵具有听的功能，至于听出了门道还是热闹，全靠个人能力。有些人看似在听客户说话，其实一点儿都没有抓住有效信息，听完就完了，没有任何意义。但是会听的人，会悄悄记下重点，并以此了解客户的性格、兴趣以及态度。

有一张会说的嘴巴，或许能让你顺利进入销售行业，但究竟能走多远，就要看你在说的同时是否会听。

客户再挑剔，也要耐心地服务

销售人员并不是完美的人，尽管我们一再告诉自己要保持耐心与真诚，但我们也会有情绪，有脾气。尤其是客户质疑我们的产品或者服务时，即便自信的人，也会产生抵触情绪。

明明是正品，却被客户质疑是假冒伪劣产品。

明明是全国定价，客户偏偏说你的价格贵很多。

产品和服务都没有问题，但客户就是觉得你的产品不够好。

……

没有一个客户是不挑剔的，只是挑剔的程度不同，表达方式不一样。有的客户即便挑剔也不会说太多难听的话，但是有些客户不仅鸡蛋里挑骨头，还会说一些难听的话。就算脾气温和的销售，内心都会不舒服。

这时候，我们该怎么办呢？是暗暗地生闷气，还是当众跟客户吵起来？是理智地解释，打消客户的顾虑，转变客户的态度，还是一气之下轰走客户呢？如果争辩演变成吵架，这单生意就绝无成交的可能，甚至还会影响其他客户。

遇到此种情形一定要理智，销售人员完全可以用"软碰硬"的方式，不卑不亢地反驳客户的质疑。即使客户说出我们不爱听的话，也不要过分计较，不要流露出不耐烦或者抗拒的表情。无论客户是无心还是有意，我们都无法控制客户的态度，但是一定要学会调节自己的情绪。态度决定一切，做大事者，学会隐藏自己的情绪，十分重要。只要不想放弃生意，就不要随意发火甚至情绪失控。

小丽做了几年化妆品专柜销售之后，决定自己开一家化妆品品牌折扣店。

开业第一天，人来人往，小丽卖出去一些产品。第二天和第三天，她靠宣传单和小礼品，也拉来一些客户。但接下来的一个月，小丽都没有迎来想象中的春天。

没办法，她只好请自己上班时的一个好姐妹帮她看看究竟出了什么问题。这个好姐妹是小丽曾经的主管，在销售方面非常厉害。她受邀来到小丽的小店，笑着说："感觉可以啊，环境布置得很清新，产品分类也挺讲究。"小丽苦着脸说："就是留不住客户，我都急死了。你一会儿帮我看看，到底是哪里出了问题。"

　　不一会儿，店里来了一个客户，是个打扮时髦的妙龄少女。女孩脸上化着妆，看样子对化妆品比较熟悉。小丽热情招待，向她推荐了几款产品，但女孩都没有购买。"可能是她还没想好需要买什么。"小丽自我安慰道。

　　小丽保持着耐心，没有表现出不耐烦的样子。女孩提出找个试用品看看其中一款的效果，小丽马上找出来并为女孩细心上妆。不管是颜色还是质地，效果都不错，但客户还是没有表态买还是不买。小丽沉不住气了，说："妹妹，这款化妆品很适合你，很多人都推荐过，看你涂上之后皮肤变得更好了。你为什么不愿意买呢？"此时，站在旁边的好姐妹听到小丽这样对客户说话，心想小丽可真够直接的。

　　"这款化妆品我觉得还可以，但是你这价格让我有点不放心。我在网上和实体店都买过，这款化妆品都不讲价，但你这里有折扣，反而让我不太放心，我担心是假货。"这位客户说话更直接，还有点伤人。

　　"妹妹你这说的是什么话，我辛苦开店为什么要卖假货？我都是正规渠道进货，折扣也是自己让利，所以才便宜一点，怎么可能是假货，我图什么！"小丽生气地说。

　　"卖假货赚钱呗。我就这么一说，你还来气了，你这样我更不买了。"小姑娘反驳道。

　　"不买就不买，但你不能说我卖的是假货，你要为你说的话负法律责任！"小丽大声说。

　　眼看他俩就要吵起来了，小丽的好姐妹赶紧过来劝架："别吵了，都消消气，咱这不是聊天吗？聊到哪儿就是哪儿，都别往心里去。"客户还没有走，小丽却气得两手叉腰。

　　好姐妹向客户解释道："美女，我们小店虽然不是专柜也不是旗舰店，但是商品都是货真价实的，是渠道供货。至于为什么价格低一些，我这么跟你说吧。化妆品供货渠道很多，产品也是多样化的。有些产品可能有效期过了一半还有很多库存，就会优惠供货。有些产品广告做得不够好，没有名气，但产品质量不错，也会优惠供货。化妆品跟食品一样，如果是假货肯定能让人试出来的，我们是不会冒这个险的。"

　　听了小丽好姐妹的解释，客户好像没那么生气了，说："她早这么说我不就懂了吗？说她两句还要告我，哪有这样做生意的……行了，给我拿这款吧，看在你解释得这么详细的份儿上。"

　　客户走了之后，小丽还是气得一言不发。这时，好姐妹说："我算是知道你的生意为什么不好了。不是产品不行，而是你的性格不好，你说话的态度和方式都有问题。以前你在咱们专柜干，客户从来不会质疑质量。你现在开店遇到这个问题，肯定会被激怒。但咱们做生意，即便客户的话不好听，也不能跟人家吵起来。好好地解释，就算她不买，至少也不会乱宣传。你那么激动地吵赢了又如何，还不是损了客户又赚不到钱。"

听了好姐妹的话，小丽点了点头。她从打工者转变为创业者，还没有意识到自己的一时冲动会带来多大的损失。看来以后要想留住客户，得学会克制情绪才行。

客户有权质疑产品的质量和价格，这并不是坏事，因为质疑也能证明客户有购买欲望。要解决这个问题，不能靠脸色来震慑对方。我们需要做的是讲事实、摆道理，消除客户心中的疑虑。

1. 仔细聆听，细心纠正

销售行业的最大特征是服务，不管客户的质疑是对是错，质疑都是他们的权利，我们应该仔细聆听客户的话，搞清楚他们质疑的重点，然后对症下药，纠正他们的看法。销售人员应该用温和但有力的证据，打消客户的疑虑。

2. 举例子、做对比，用质量说话

过硬的产品和服务是销售人员最大的底气，因此，对于客户在价格方面的质疑也不要生气。如果客户质疑价格，就要想办法通过数据、实物甚至和其他商品做对比来消除客户的疑虑。只要能用温和的态度证明自己的优势，就不用太计较客户的态度。

　　面对无端的质疑，谁都会有情绪不好的时候。但是销售人员不是一个人在战斗，而是代表着公司的品牌与形象。所以，要控制好自己的脾气，即便有怨言，也要通过合理的方式发泄，不要跟客户过不去，因为那终究是跟自己过不去。

关注客户购买需求，及时做出回应

　　卡耐基不仅是一位成功学大师，还是一位人际关系专家。他始终强调沟通的重要性，并说过这样一句话："一个人的成功，15% 取决于他的知识和技能，85% 取决于他的沟通能力。"这句话强调了沟通的重要性。

　　在我们的生活中，沟通无处不在。在销售行业中，这种技能更是入行门槛。不会沟通的人，很难跟客户产生共鸣。但不要对"沟通"二字产生误解，因为只会说不会听不算会沟通，只会听不会说更不算沟通。

　　销售行业还有一个重要的注意事项，那就是客户自言自语时，销售却没有及时做出回应。谁都不愿意唱独角戏，更何况是客户。大部分人在购物时不喜欢销售在旁边大力推荐，因此，销售在这时要选择沉默。可是沉默不代表不理睬，必要的时候还是要对客户给予回应。不要让客户唱独角戏，那会使他感到不舒服，从而产生不满。

　　琳琳在某运动品牌店内做销售。能干好学的她，不仅熟悉每一款运动鞋的款式、价格和尺码，而且对鞋子的用途了如指掌。你只要告诉她买鞋是为了跑步、打球还是其他用途，她就能推荐你喜欢的款式。

　　一天，琳琳接待了一位中年女客户。客户进店后，琳琳就走上前去打招呼："您好，请问您需要什么样的鞋子？是您自己穿还是给孩子买呢？"客户并没有被她的热情打动，反而态度冷漠地回答："我就是随便看看，不一定买。"

　　琳琳听了这话后没再多说。她走到离客户不远的地方，边整理货架边注意客户的动向。客户显然对运动鞋没有什么了解，一会儿到女鞋区看看，一会儿又到男鞋区走走。走到男鞋区后，她疑惑地看着男鞋，不知道自己该选哪一双。她自言自语道："怎么都长得差不多啊，这种有气垫的鞋是干什么的，怎么这么贵？"

　　听到客户自言自语，琳琳意识到自己上前回应的时候到了，于是说："女士，气垫鞋最大的特点是能够减震，不管是走路还是跑步都能减轻震动，减少运动给人体带来的伤害。因为技术比较先进，款式也设计得好看，所以价格贵一些。

不知道您是要给谁买呢？"

"我给我儿子买，他就喜欢这个牌子的鞋。过几天他要过生日了，我想送他一双鞋。"这次客户说话的语气没有那么生硬了。

"不知道您儿子多大了，平常有没有喜欢的运动，喜欢穿什么颜色的，您方便告诉我吗？"琳琳又问。

说到儿子，客户开心地说："我儿子今年 18 岁，马上要考大学了。他什么运动都喜欢，还是班里的体育委员，平时喜欢穿颜色鲜艳的鞋。"

听了客户的回答，琳琳拿出当年新款气垫运动鞋，这款鞋是撞色设计，十分帅气。她把鞋展示给客户，说："您看这双鞋怎么样？这双鞋是气垫设计，特别适合全能运动的人才。它面向的群体是年轻人，很注重外观的时尚，是我们店里卖得比较好的一款运动鞋。虽然有点贵，但作为生日礼物送人很合适，而且能穿很久。"

客户仔细看了看那双鞋，表示很满意，就果断付钱买了。

这位女士的态度一开始并不好，表明她内心抗拒销售人员的推荐。琳琳如果强行向她介绍，就容易被拒绝。但是当客户自言自语的时候，就表明他们拿不准主意了，需要帮助。如果此时销售人员察觉不到客户的需求，或者明明感受到却不以为意，甚至故意晾着客户，那就大错特错了。除非不想做成这单生意，否则就不要让客户唱独角戏。

只要能够把握好说与听的尺度，并在适当的时候及时回应，就能把好客户的"脉搏"，做一名"知心"销售。

1. 表现出关注度与热情，避免沉默寡言

即便客户最初并不想被关注、被引导，销售人员也不能完全置之不理。因为客户在新环境里难免产生抵触情绪，所以更愿意自己观察分析。销售是为客户服务的，即使此时不方便插话，也要表现出关注与热情，一定不要冷脸相对、不声不响，要留在客户的安全距离之外，在察觉到客户需要帮助后就给予解答，这才是销售的本职。

客户情绪好，销售人员就要早点介入，这样能推动购买；如果客户心情不好，或者没有购买欲望，那就等客户提出问题之后再有针对性地介绍。

2. 多问多答，让客户放下芥蒂

客户与销售的关系总能在沟通中改善。所以，我们鼓励销售用提问的方式给予客户更多回答的机会，这样销售能够在交谈中了解客户的性格与需求，有针对性地为客户提供选择。

3. 确定式询问，反馈很重要

如果客户的态度始终冷冷的，并没有给销售太多搭话的机会，

那么销售就要学会主动出击，通过重复询问的方法跟客户沟通。"您好，您是想买自己穿的吗？""您比较喜欢这个产品，对吗？"类似的提问其实没有实际的意义，就是作为一个引子，让客户不再拒绝沟通。

在销售工作中，独角戏唱不得。不管是销售人员唱，还是客户唱，都容易引起冷场和尴尬。所以，要想实现顺畅的沟通，销售人员绝对不能不作声。"高冷型"销售很难让客户心甘情愿地找上门来。买东西图个爽快，卖东西图个成功，你一言我一语，才能让销售过程充满温度。

听出客户兴趣点，找到话题切入点

　　不管做什么事情，我们都要先定目标，再找角度，做好一系列的准备工作之后，就要重点找切入点了。什么是切入点？我们举个简单的例子。大家都吃过螃蟹，螃蟹有坚硬的外壳，看起来让人无从下手，但只要找到它的切入点，就能轻松掀开它的壳，尽享美味。销售也要找到切入点，销售的切入点就是走进客户的内心，把话说到对方的心坎里。

　　我们要学会站在客户的角度考虑问题，挖掘他们的购买需求，这是销售人员需要掌握的切入方法。没有人能一口吃成个胖子，销售想要了解并满足客户的需求，每句话、每个动作都要给客户足够的安全感。在此基础上，再顺势掀开"需求"的神秘白纱，起到事半功倍的效果。

　　然而，问题也出在这里。很多人只会聊天，却不知道聊天的时候怎样切入自己的产品信息，探求客户的需求。滔滔不绝的长谈之后，不懂得如何找到话题的切入点，不知道如何把话题引到产品上来，以至于大好机会白白溜走。

　　小刘应聘了一个保健品销售的职位，客户大多是中老年人。

　　在公司的新人培训会上，主管告诉他们一个销售秘诀：要想赢得老人的信任，就必须了解并满足他们的需求，既包括老人身体健康方面的需求，还包括情感方面的需求。只有做到这几点，才能取得老人的信任，对方才能给你机会。

　　小刘认认真真地把这些话记到了脑子里，希望自己早日在销售上打开局面。有一天，他坐在公园长椅上休息，看到一位老人走过来，就往旁边坐了坐，给老人留出个大空位。

　　这个举动充满善意。老人冲他笑了笑，坐到他的旁边，两个人你一言我一语地闲聊起来。小刘见老人行动有些缓慢，坐下来的时候小心翼翼的，可能是腰部有些问题，便打算把这位老人发展为客户，推销自己的保健品。"大爷，您是不是腰不舒服啊？您刚才坐下的时候，我看您好像有些费力。"小刘关心地问道。

　　"老毛病了，几十年没治好，现在越来越严重了。"老人边说边揉腰。

"那您怎么不去医院看看，做做检查呢？该吃药吃药，早点好起来。"

"孩子们都带我去过了，医生们都说我这把岁数不能手术，也不能多吃药，最好是好好保养，别累着就行了。"

小刘听后觉得自己已经了解大爷的身体状况。他想了想继续问道："那您平时怎么生活，自己住还是跟孩子住啊？"

"孩子们工作忙，有时还要忙到大半夜，早晨起来连饭都来不及吃。反正我在家也没什么事情，自己照顾自己，一个人住，做点家务就当锻炼身体了。"大爷回答。

"那您孩子的工作肯定都是好工作，不像我做销售，整天都在外面跑，还容易被人当作骗子。其实，我们公司特别大、特别正规，我就想好好努力，通过自己的双手赚钱，好好孝敬父母。"小刘有点不好意思地说。

"你是好孩子。你做销售，主要是卖什么的？"大爷好奇地问。

小刘一听机会来了，就拿出自己包里的产品册，说："大爷，我是卖保健品的。我们公司专门销售针对中老年人的保健品，补钙、补气血的都有。我还买过几瓶给我爸妈吃，他们都说效果挺好的。像您这个腰疼，我们公司也有专门治疗的产品，还是我们的主打产品呢。"

大爷一听他是卖保健品的，就没怎么搭话。

看来，这位大爷也把小刘当成骗子了。小刘决定往试用方向延展，于是说："大爷，您看看，您不愿意吃药，怕伤胃；也不能做手术，怕伤身体。如果没有吃过保健品的话，我送您一些试用品。质量方面您放心，我爸妈都吃的，如果质量不好，我也不敢给他们吃。这个不收您钱，我也不要您的电话，您收着这试用品和我的名片，如果想要就联系我，我给您打折，还送货上门。"

听完这些，大爷被小刘真诚的态度感动了。于是，他收下小刘给他的试用品和名片，并把自己的联系方式留给了小刘。

虽然小刘没有现场成交，但是他找到了话题切入点，顺势进行了后续的销售工作。如果他没有顺着大爷的话，找到合适的机会介绍自己，就很难把产品推销出去。就算大爷暂时没有购买，小刘也已打好感情基础，再联系起来，对方也不会轻易拒绝。

如果我们找不到话题的切入点，或是忽略了话题的切入点，就可能导致销售工作无法顺利进行。与客户沟通的技巧多种多样，不管是开门见山还是迂回战术，不管是通过什么样的方法获得信息，都要时刻记住，我们需要找到切入点，并完成自我介绍和推销工作。

1.机会不等人，制造话题，轻松聊天

销售人员要能够自己带话题，把握聊天的节奏，跟客户聊天不是漫无目的地谈天说地，而是要引导和制造话题。机会是不等人的。我们在交谈的时候，适当地把话题引到自己的工作和产品中，就能轻松找到切入点。

两个妈妈站在一起聊天，一会儿说孩子，一会儿讲老公，没有什么重点。"你家孩子怎么长得这么高，都比我家的高半头了，你都给他做什么饭吃呢？"其中一个妈妈问道。"我家孩子什么都爱吃，以前他总是挑食，后来我给他喝了×××，他的胃口就好了不少。""什么牌子的产品？""我自己代理的，是个好牌子。我先给你拿一袋试试，看孩子爱不爱喝。如果爱喝，你再从我这里拿货。"

这只是个简单的例子。做母婴产品就要学会聊孩子，做汽车配件就要学会聊交通，做保险就要掌握时事，你会发现一切合适的话题都能提高成交率。

2.做有主见的销售，主导谈话走向

销售人员一定要记住自己的使命，在闲聊中把握重点，不要聊着聊着就忘记自己交谈的方向。做一场对话的主导者，把握话题的内容与节奏，能够及时把话题引回来，而不是放任自己跟客户随意聊。做一个有主见和主导力的销售，不管是谈到人文还是地理，都要及时找到合适的切入点，谈到自己的产品上来。

精诚所至，金石为开。做销售就是做细节，既要懂幽默，又要把握时机，所以每个销售人员都要提高自己的综合素质。在每一次交谈中找寻自己需要的信息，就能做好自己的工作。

客户说法有错，可以合理反驳

有的销售人员总是迁就客户，我们要改变这种方法。销售最大的特点是"你情我愿"。销售人员自然愿意卖出产品，客户则要有购买需求。只有双方达成一致，才是一桩完美的生意。有些销售人员为了达成目标迁就客户，委曲求全，失去作为销售人员的原则和尊严。

之所以会出现这个问题，是因为大家太想成功了。竞争激烈，市场难做，好不容易来了一个客户，怎么能不抓住机会满足客户的各种需求？只要不赔钱，就答应客户的各种要求。但这种想法真的对吗？很多销售反映，他们明明答应了客户的各种要求，连一句反驳都没有，但客户还是摇摇头走了，连一个解释都没留下。

交易双方的分歧大多数产生在价格上。我们不妨从这方面看看，究竟要不要"乖乖"地听客户的话。新销售特别害怕价格谈判环节，因为他们不知道该降多少，谈几次再降价，降完之后客户会有什么反应。每当销售人员报价之后，很多客户的反应都是价格太高，要求降价。一位刚刚进入公司的销售，对自己产品的运作流程还不是特别熟悉，所以当客户提出的价格比他的底线价格还要低一点点的时候，他就犹豫了，但认为这不会有太大的影响。为了成交，他同意了这个价格。

当他签完合同回到公司后，迎接他的却是领导的批评。为什么批评他呢？因为产品的底线价格被突破就意味着亏损，卖多少亏多少，还会影响整个市场的销售价格。没有办法，合同已经签了，如果不供货就只能赔违约款，公司只能硬着头皮发货，做这个赔本的生意。

如果只是为了留住一个客户就一味地让步，把最后的利润都让了出去，这单生意还有什么意义呢？有人说，最起码客户会接着订货，到时候可以再要求提价。首先，客户会从这个痛快的底价中嗅到不太合理的味道，要么怀疑产品，要么怀疑价格，再订货的可能性很小。其次，退一步讲，客户认为价格合适，想要继续合作，但销售人员想澄清上一次的误会，试图用自己的悲惨经历换取对方的同情，再把价格提上去。假如你是那位客户，会同意吗？我想是不会同意的。

客户都会对价格下手，问题是究竟要不要说“不”，怎样说“不”，才能让客户合理接受。从整个销售过程来看，不仅价格上会遇到这个问题，供货期上也会有这个烦恼，甚至在客户的眼光方面，我们也会遇到这个问题。销售行业既有专业性又有综合性，让步还是拒绝，是一个很大的问题。

大多数人不敢拒绝客户的要求，是因为担心客户流失，这是很现实的问题。但如果为了留住客户就处处讨好和迁就，没有原则和底线，就是误入歧途了。客户有客户的考量，他们货比三家后，依然选择了你，就充分说明他们不会轻易放弃。彼此都有需求，彼此都会让步，理解了才能相互接受。如果客户在销售人员的一味让步中感受到一丝不安，也会喊停的。

就像我们去医院看病，医生问我们病症并准备开药。如果我们之前做了一些功课，想看看医生的态度呢？"医生，给我开点消炎药吧。""可以。""清热解毒的药也给我开一点。""可以。"如果你说什么药，医生就给你开什么药，你还会相信这个医生吗？病人肯定会在心里嘀咕："我又不是医生，他才是专业的，为什么我说什么他都会同意，到底谁是医生，他的医术行不行啊？"

反过来，如果医生一开始就表明自己的治疗态度和方案，病人就会被这种原则性极强的态度说服，同意医生的治疗方案。

销售也是同样的道理。不管是在价格还是在产品挑选上，都要比客户更专业。要用专业知识来说服客户，主导整个销售过程。其实客户计较的不是价格，而是没有看到价格背后的服务。所以，专业的态度，是我们说"不"的底气。

销售员小赵接了个大单子。客户要求供 100 套新的黑色办公桌椅。小赵报价之后，客户要求降 10%，但是小赵并没有答应这个价格。经过交谈，最终确定降价 5%。

由于客户订货的数量比较多，小赵就多嘴问了一句："您要这么多桌椅做什么呢？"客户说："我们公司刚搬迁，新装修好的楼需要用新桌椅，这才是好兆头嘛。"小赵继续问："那恭喜了，不知道公司是什么装修风格呢？"客户回答道："中性色调的黄色地板，白色的墙，现代感的装修。"小赵说："那以我的经验，您选中的黑色桌椅虽然耐脏实用，但如果是放在办公大厅，大面积的黑会给人一种压抑的感觉。不如选择红棕色的椅子，这个颜色比较百搭，相信会有更好的效果。"

客户听完小赵的建议，考虑了一会儿就听从了他的意见，但是要求 3 天就送货上门。由于红棕色椅子的库存没有那么多，现做 3 天的工期太赶，小赵并没有同意。他说："您要求 3 天送货上门，我们加班加点肯定能做到。但问题是这样赶时间做出来的东西多少会影响质量，到时候您退回来返工又需要时间，不退回来的话您那边用着也不舒服，实在不划算。"

客户喜欢这样的销售人员，他能从专业的角度为客户着想，勇敢地否定客户的想法。这不是在砸自己的饭碗，而是在跟客户推心置腹地交流。

1. 坚持底线，勇敢面对

不懂客户的人，只会一味地满足客户。殊不知，越是退步和妥协，对方越不满足，甚至会得寸进尺。尽管很少有人告诉我们要学会拒绝客户的要求，我们还是要承认，对客户说"不"其实是一种高明的战术。这让我们勇于直视自己的内心，坚持自己的底线，不再一味地顺从客户。

2. 不慌不忙谈生意，学会拒绝的艺术

销售赢在心态，也输在心态。那些懂得拒绝客户的销售人员，能够沉下心来等待合适的时机，而盲目急躁的销售人员则会给客户留下不好的印象。急着同意客户的价格，或同意客户的选择，反而会让对方心生疑惑。因为这胜利来得过于容易，客户反而不放心。

说"不"需要勇气，也需要智慧。做好销售，从学会拒绝开始。

第四章 迎合

销售攻心的精妙，就在于投其所好

☑ 谈资选得巧，订单跑不了

☑ 多赞美客户，拉近彼此距离

☑ 把客户当老师，让客户感到被尊重

☑ 巧妙说缺点，与客户坦诚相见

☑ 站在客户的角度，为客户着想

☑ 保持幽默，和客户一起乐一乐

谈资选得巧，订单跑不了

21 世纪什么最贵？人才！因为人才最难得，他们不论做什么都能做得像模像样。优秀的销售人员身上有共同的优点：为了能跟客户有更多的谈资，每天都在努力扩大自己的知识储备，不管销售什么产品都没有问题。

销售人员需要的知识储备包括但不限于产品新闻、行业动态以及时事热点。这些杂乱无章的知识，并不是一天就能背下来的。它需要我们做生活的有心人，每天都多一点积累。或许你会认为这些知识没什么用，但到了派上用场的那一天，结果会让你喜出望外。

所谓台上一分钟，台下十年功。优秀的销售人员都不是单纯的朝九晚五，而是更倾向于时刻提升自己，变成一个拥有谈资的人。我们知道沟通是成功的途径之一，但究竟该怎么开始，又该跟客户聊什么，都是不能忽略的问题。我们不可能见面就问客户："您好，我们有个产品很适合您，您想要多少？"一个好的话题能引起客户共鸣，一份有意义的谈资能让客户产生深思，我们需要找到一个切入点，既有趣又富有话题性，也许聊着聊着就能引起"火花"。

　　小源是某大型连锁旅行社的销售人员。这一天，他接待了一个客户，这个客户打算给父母报旅游团。在给她介绍的过程中，小源发现客户欲言又止。他知道客户是担心父母旅游期间会遇到不良导游。

　　为什么客户会担心这个问题呢？因为那段时间旅游业出现过几例恶性事件，搞得人们对旅行社的信任度降低。

　　小源假装不经意地说："现在旅游业被报道出一些问题，你是不是担心二老出去旅游不安全？"

　　客户本来不好意思开口，现在看他自己提出来，就立马点点头，说："没错，我就是担心这些。你肯定听说了，这是你们业内的新闻。是不是很恶劣？还有人敢去旅游吗？这也太吓人了！"

　　小源点点头，说："实不相瞒，这些事情真的挺恶劣，但是据我了解，您也不用太担心，那些都发生在不正规的旅行社中，他们雇的导游素质参差不齐，所以会出现骂人、强制购物等事件。后续处理结果也出来了，不知道您看了没？导游吊销资格，旅行社受罚整顿，他们会有法律制裁。我们公司就旅游安全问题开会研究过，还制订了几套应对措施。"

客户还是不太相信，问："那真的是个别事件吗？"

"是极个别事件。不正规的公司搞出所谓的购物团，对我们行业而言是个极大的危害。现在，有关部门已经行动起来，整顿旅游业。您在这个时候选择送父母出去玩，时间是很合适的。咱们公司的口碑想必您也知道，虽然收费不算便宜，但能提供优质服务。既不强迫购物，也不会临时变卦，或产生额外费用，就是安排客户好好地玩一玩。您父母年纪大了，我们会额外备注，到时候导游会更加照顾他们，这些您都放心。"

听了小源的话，客户总算放松下来，为父母选择了一条相对轻松的旅游线路，并付了定金。

小源了解客户担心的问题，通过新闻找到话题，并用跟客户推心置腹的方式，引起对方共鸣。因为客户关心与自己利益相关的新闻事件，他们想要听听业内人士的消息，销售人员站在自己的立场分析事情的利弊，就会赢得客户的信任。

一个销售人员面对成百上千的客户，需要做充分的准备，才能在客户面前侃侃而谈。因为谁也不知道客户对什么事情感兴趣，如果销售人员能接得住客户提出的问题，顺畅地做出解答，就会在融洽的交谈氛围中使客户产生信任。所以，谈资就是我们的子弹，只要准备好子弹，成功就多一点把握。

1. 产品知识是基础，行业知识是常识

销售的第一课是熟练掌握产品知识，并在此基础上加深对行业情况的了解。产品知识和行业知识是我们立足的根本。销售人员如果没有掌握起码的产品知识，即便他是个万事通，但当客户问及产品时，也是一头雾水。

2. 抓热点，找共同话题

在聊产品知识前，要有铺垫。不用把跟客户的会面搞得既严肃又紧张，因为它也是一场"约会"。要想双方会面变得轻松不尴尬，我们就要学会打破冷场。这时牵出一个热点，找共同话题，沟通就变得容易得多。

3. 做好功课，了解你的客户

以产品为基础，以客户为中心。融洽的氛围不是靠缘分，而是需要我们做准备工作。如果能了解客户的兴趣爱好，交谈就能轻松很多。无论是谈新闻、聊明星，还是聊养生，话题都要有的放矢。

　　销售人员都追求业务和销量，多点知识储备，多份谈资，就多一份机会。机会都是留给有准备的人，哪怕是生活中的一点小事，只要细细留心，就可能带来事业上的飞跃。

多赞美客户，拉近彼此距离

赞美一朵花，能让它开得更美、更持久。真诚的赞美能够带来温暖，拉近人与人之间的距离。我们要通过赞美让客户心情愉悦，和客户建立和谐而牢固的合作关系。

俗话说，好话一讲，黄金万两。意思是，只要你会夸人，夸得自然而真诚，金钱自然就来了。所以，在销售过程中，我们不要吝惜自己的赞美，多夸奖客户便能俘获客户的心，为什么不多多说好话呢？只要是真诚和善意的话语，对双方都能带来好的体验，因此在赞美别人上多下功夫吧。

赞美的力量是巨大的，人们都喜欢听好话，这是人之常情。当客户走进服装店里，只看不试是很难下定决心购买的，所以销售人员会用各种办法说服客户穿上衣服试一试。客户换上新装，销售人员便对客户大肆赞美，使客户对自己的眼光和身材更有信心，那么下单就是水到渠成的事。毕竟谁不喜欢听别人发自内心的肯定和善意的赞美呢？赞美是一种说话艺术，更是销售人员拿下订单的重要方式。

　　小梅的新房子装修好了，需要添置一些家具。她来到家具店，在一款实木床前停了下来。这时，销售人员走过来用热情的语气说："女士，您的眼光真好！这款实木床是我们店里的新款产品，设计和质量都是一流的，销量特别好！"

　　小梅看了看材料，确实不错，问："这床现在多少钱啊？"

　　销售人员随即回答说："这是一款纯实木床，原价8800元，现在我们正在搞活动，不管新老用户都有优惠，打完折是6600元。"

　　小梅听了价格，摇了摇头，没说话。销售人员看出这个价格肯定超过了客户的心理预期，所以没有继续推荐这款床，而是建议小梅再看看其他款式。两个人边走边聊，得知小梅刚搬新家，而且是个很不错的小区，销售人员赶紧赞美道："您居住的那个小区我去过一次，环境太好了！小区里绿意盎然，花园设计非常美，给人舒适宜人的感觉，不愧是高档小区。"

　　这话算是夸到点上了，小梅当时看中的就是小区的档次与环境，所以才决定卖旧买新。眼看客户的神色变得喜悦起来，销售人员趁热打铁："那个小区的户型非常好，您既然买了这么好的房子，装修当然也得花点心思，尤其是家具，更应该用心，一般的材料不大气也不健康。虽然我们这款实木床的价格有些贵，但和别的品牌比起来更有品质。您天天睡在舒适美观的床上，休息得更好，生活质量都不一样了。"

小梅听完，确实有点动心，说："床是不错，我也一眼就看中了，但是价格的确偏高。"

销售人员见客户已经动心，立即说："我们正在搞促销，这次能给您一个团购价。您看如何？"

"团购价能便宜多少？"小梅迫不及待地问。

销售人员笑着说："按照我们公司的规定，只要预订的客户达到10人，团购活动就可以开展。加上您，我们的预订客户现在已经达到9人，只要再有1人就可以享受团购价格了。您可以先交定金，我给您留下名额。团购成功至少可以省1000元。如果您能再介绍一位客户来，我还会申请再给您送点礼物。"

就这样，销售人员通过真诚的赞美，一步步地让客户接受自己的产品和服务，成交了一笔订单。我们能看到，客户犹豫不定的时候，其实也是重要的时机。如果我们能在这时进行赞美，就有可能攻下客户的心。

1. 把握赞美尺度，促进客户购买决心

销售需要眼观六路、耳听八方，客户一出现就能准确判断他们是不是有购买的冲动和欲望。如果对方犹豫不决，说明他们很可能有购买欲望，只是不能下定决心。这时候，我们就要对他们进行适当的赞美，帮助他们坚定购买的决心。

有效调动客户的情绪，把握销售的关键，做销售的主动者而不是被动者。夸奖要真心，赞美要适当，过犹不及这个道理我们都懂，虚假的赞美还不如不说。

小茗在一家茶叶店做销售。来店里的客户有两种，懂茶的老客户和不太懂茶的新客户。懂茶的老客户来了，不需要多说，他自然有自己喜欢的茶叶。如果大肆赞美他懂茶，很有可能引起反感。而对于似懂非懂的新客户，她就拿出专业知识进行引导。新客户不管是喜欢哪一类茶叶，她都会给予对方肯定性的赞美。

2. 赞美具体化，美化产品，取悦客户

做销售的人不一定都是同一种风格，有的人心直口快，有的人性格文静，但在运用赞美进行销售时，都要学会用直接和具体的赞美来留住客户的心。什么是具体的赞美呢？首先要明白，客户虽然是冲着商品来的，但能不能下决心购买，也要看销售人员的本领。当客户看中一件产品后，销售人员不必急着推荐，可以先赞美客户的选择，拉近与客户的关系。对于没有拿定主意或者没有明确购买目标的客户，销售人员也可以对其进行赞美。

这种对客户直接赞美的方式既简单又实用，只需要用合适的语言表达出来，就可能触发客户的消费冲动。"我们的产品就是为您这样有气质的人量身打造的。""最喜欢您这样有眼光的客户。说心里话，我非常希望能成为您这样的人，知道自己选择什么，知道什么适合自己。""选择我们的产品您就会知道，我们的品质有保证，服务周到细心，尤其适合像您这样要求完美的人。"

为了有效拉拢客户，我们的赞美不必太复杂，但一定要直接。

3. 对比性赞美，强调客户的品位

人类难免具有攀比心，这是我们的共性。所以赞美的时候，可以通过做对比的方式来讲解产品、说服客户，这样也能给客户带来优越感。对比给人带来的反差感能够有效满足客户的虚荣心。虽然这种虚荣心在生活中被视为缺点，但运用在销售工作中无伤大雅，因为这一招能促使客户更加迅速地下决心购买产品。

小丽是做女装生意的，虽然不善言辞，但在销售的时候，总能抓住客户的心。

有个小姑娘来买衣服，试穿短裙短裤。她有点犹豫，边试穿边说："这会不会太短呀？"其实她是自言自语，没想到一直安静看她试衣服的小丽回答："你这么年轻，现在穿这款最合适了，尽显你的青春与活力，你是一位时尚、可爱的美少女。"三言两语，姑娘就买走两件。

一句赞美顶一万句硬性推销。要想成为销售大师，就要好好学习赞美的技能。

把客户当老师，让客户感到被尊重

孔子曰：三人行，必有我师。这句话我们耳熟能详，那么该如何运用到销售工作中呢？每个做销售的人说起自家产品都如数家珍，所以在推销过程中，大家难免好为人师。只要来到客户面前，就不由自主地滔滔不绝。但我们是否想过，客户真的喜欢我们的"教学"吗？

虽然我们很享受"好为人师"的乐趣，但不能让它成为销售工作的阻力，不如反其道而行之。什么意思呢？好为人师确实不太好，但是如果让客户体会一把当老师的快乐，也许有助于我们达成销售目标。

回想一下我们上学时对待老师的态度：尊敬、谦卑、虚心。假如我们在与客户沟通的时候也能重回学生时代，主动向客户请教问题，那么无论是真心还是做戏，都能于无声处抓住客户的心。

　　小张开了一家花鸟鱼店。开业初期，每当有客户进店，他都要兴致勃勃地讲解，不管对方愿不愿意听。客户看花草，他就把每一样花草的习性和名字的寓意都讲一遍；客户看小鱼，他就跟着人家介绍这是什么品种，如何分辨，如何养活……

　　本以为客户听了会爽快下单，谁知道很多人都只是看看就走了。

　　有一天，店里来了位白胡子老大爷。他进来之后直奔乌龟区，一看就是喜欢养龟的行家。生意不好，小张也失去解说的兴致，就跟在老爷子后面，一言不发。老爷子边看边评价："小伙子，你这里乌龟的种类不少啊。你看看这只乌龟，养得就很不错。知道这是什么品种吗？"小张懒得回答，就轻声回应："不太记得了。"老爷子没听出异样，继续说："这可是很好的珍珠龟，看着不起眼，其实很漂亮。它的适应能力很强，只要温度适宜就可以生长得很好，可以说生命力非常顽强。"小张情绪不高，却不能不应付客户，就边听边点头。

　　老爷子果然是行家，一连点评了好几个品种的乌龟，说得特别专业。小张心想：这老人家是显摆知识来了，肯定看完就走。于是，小张回到收银台处理账务。过了一会儿，他听老爷子喊道："小伙子，是你给我捞还是我自己捞啊？"小张一听大喜，说："我来给您捞，您喜欢哪只呢？"

结账的时候，小张的嘴又变甜了，说："老爷子，您真有眼光！今天我跟着您可长了不少知识，以后您经常来啊，给我上上课。我年轻不太懂这些，但开店还必须得会，不然客人问起这些知识我就傻眼了。"

"没问题。我也挺喜欢你这年轻人的，话不多，还能虚心听着。我去很多店里，他们只会给我讲，从不听我说。实际上我养龟的时间可比他们久多了。"老爷子十分开心地说。

听君一席话，胜读十年书。小张听完老爷子的话，好像明白自己为什么留不住客人了。他说话的习惯不好，总是急于想当客户的老师。但来花鸟鱼店溜达的客户，有几人不懂行呢？这就有点班门弄斧了。万一再说错什么，客户自然不会信任他。

此后，小张改变了自己的销售方式，该说的时候说，不该说的时候不说。遇见外行人，他就认真分享知识，不再好为人师；遇见行家，他就一副虚心请教的模样。不得不说，大多数客户很吃这一套，尤其是那些懂行的客户。

像学生一样请教老师，就是有如此大的魔力。当客户成为老师，传道、授业、解惑，销售人员既是学生又是自己人，跟自己人做生意，还有什么推三阻四的呢？小张就是个很好的例子。一开始，他没有考虑客户，总是试图表现得比客户更聪明，反而让客户失去好感。通过老爷子的启发，他意识到自己的问题，并很快转变销售思路，用虚心请教的方式让对方感受到自己被尊重，从而获得成功。

不管面对的客户是什么群体，处于什么年龄段，都是我们可以拜师的对象。这是一场博弈。有些人希望通过销售人员的介绍顺利购物，有些人则希望销售人员能够尊重自己，才能谈接下来的交易。那么，我们该如何拜师，既让人舒服又不失尊严呢？

1. 保持安静，适当反馈

对于满腹经纶的客户，我们既然要拜师，就要做出佩服的样子。抛出一个问题后，要认真倾听客户的讲解，保持安静，别随意插话，但也不能一言不发，要适当用些语气词：哦，嗯……表示自己深受启发，恍然大悟。

2. 全神贯注，重复重点

回想我们上学时的状态，记笔记，背重点，即使成绩不够好，老师看到我们努力的样子也会高兴。跟客户交谈时，要有重点地重复，让客户知道我们在全神贯注地听。如果听完不能重复几个重要观点，那就不算成功的"学生"。

3. 放低姿态，多用敬语

把客户当作老师时，销售人员就自动成为学生，所以交谈时语气要谦逊，多用敬语，如"您""请"等，让对方感受到你的礼貌与敬意。

4. 不急于纠错，静待时机

虽然我们一直说对待客户要像对待老师一样，但人无完人，当客户的表达出现错误时，我们该怎么办？是当即指出，让客户下不来台；还是谨慎质疑，婉转分享自己的观点？不用多说，大家自然有自己的答案。

人人都希望自己被尊敬，也希望能够展示自己的优点。因此，在销售过程中，向客户请教变得越来越重要，大家都希望通过这种方式拉近双方的距离。满足人们的欲望，才能驱使人们行动。所以，大家要把握好这个方法，做受"老师"欢迎的"学生"。

巧妙说缺点，与客户坦诚相见

现在，整个社会都在讲诚信，如诚信做人、诚信教育、诚信做事……做任何事，都要先树立正确的价值观。人人都渴望成功，而做销售的人更希望签大单、签更多的单。

为了这个好结果，销售人员介绍产品，提供服务，推出优惠，拉拢客户。如此高强度的付出，成交了自然欢欣鼓舞，但如果不能成交，对销售人员来说也是比较大的打击。对客户来说，购物的目的是：用自己认为合适的价钱买到既喜欢又有价值的产品。其实，双方的需求都很简单，一个要买，一个要卖，只要通过合理的沟通方式就能达成交易，成功似乎就在眼前。但是，销售人员如果知情不告，让客户买到有缺陷的产品，这种交易还能让双方愉快吗？对客户来说，这就是坏结果，会令他们无法接受。

告诉还是不告诉，这是一个问题。明知自己的产品有明显的缺陷，究竟是坦诚地告诉客户，还是假装不清楚直到成交？

销售人员对这样的问题，答案只有两个：告诉客户产品有缺陷，承担客户放弃购买的风险；不告诉客户实情，或许会带来更严重的信任危机。

客户有知情权，销售人员应该提前告知产品的缺陷，让客户自己选择是否购买。事实上，很多销售人员为了追求成交率而选择不告知客户产品存在问题。即便他们卖出了产品，也只能获得不好的结果。因为客户一旦买到不满意的产品，就不再信任销售人员，拒绝再次购买产品。这个坏结果比产品卖不出去更严重。

我们都明白销售人员急于成交的心情，他们珍惜每一位客户、每一个机会。但是，告诉客户实情才是我们应该做的选择。毕竟产品或服务的缺陷，终究会被客户发现，还不如早点告知，使客户在信任中做出选择。如果他们认为产品缺点是无所谓的，不影响使用，就可能还是愿意购买；如果他们得知缺点后选择放弃购买，也不要沮丧，因为我们已给客户留下诚信和真诚的印象。讲诚信的人，总会得到理解和成功。

我们会在一些服装店看到一个单独的衣架，上面挂了几件衣服，什么款式都有。这是店员处理衣服的地方，每件衣服的标签上都明确说明衣服存在什么问题：是起球还是掉色，是变形还是染色等。也许你会以为这样的衣服没人买，但正因为提前告知了衣服的问题，大家反而没有那么介意，觉得合适就买走了。

　　如果服装店只做特价处理，却不告知客户衣服有什么问题，那么人们未必会买。即便是买了，回家后发现问题却不能退换，心情肯定糟糕。此后再谈起这家店，定然是失望的。

　　所以，做人做事不如坦荡一点，产品有问题就大大方方地告诉客户实际情况，让客户做选择。

　　有一次，老客户给佳佳介绍了一位新客户。佳佳性格好，自来熟，很快就了解到客户已经有一款心仪的车。佳佳很赞同客户选择了这款车，说："朱先生，您真是好眼光，这款车确实不错，是我们卖得很好的一款。首先，这款车的内部空间很大，不仅是三厢车，还有一个超级大的后备箱；其次，动力足，不管是在市里上下班开还是跑长途，都没有问题。"

　　客户点点头，说："我也是查了许多资料，都说这款车还不错。我可以试驾一下吗？"

　　"当然可以，我陪您一起。"说着，佳佳就坐上副驾驶。客户开出去感受了一下，对这款车很满意。

　　"这款车挺好，但是我有个问题，没有车是完美的，更何况这是个家庭代步车。所以，我想知道之前的客户一般会反馈哪里不太好呢？"

　　佳佳听到这个问题，笑了笑，说："朱先生，您说的没错，没有车是完美的。这款车的卖点是后备箱大，车子比较结实，安全性能高。但是您也知道，后备箱大，其他地方就会受影响。虽说前排座位不受影响，但后排座位要比正常座位窄一点。如果坐的时间较长，就会感觉有点累，不过两三个小时是没有问题的。毕竟设计师设计座椅的时候，考虑得最多的就是舒适性。目前为止，这是客户跟我反映最多的问题，其他都是小毛病，基本上可以忽略。"

听了佳佳的话，客户说："这根本不是什么大问题，没有关系。我就是上下班开一开，周末带着家人出去玩玩，不会走很远。后备箱大就好，可以放孩子的平衡车、滑板车。你这个人挺诚实的，有一说一，就冲着你这么不遮不掩，我今天就在你这里买了。"

佳佳确实是个诚实的销售，这种诚实，我们更愿意称之为"诚信"。诚信销售，就是让客户有充分的知情权。客户问佳佳车子的缺点，她完全可以打马虎眼，说一些无关紧要的毛病，但是她没有这样做。她的坦诚，恰恰是聪明的体现。

销售人员要对客户坦诚，但也要巧妙地说产品的缺点。

1. 避免因小失大，冒险很值得

大多数销售人员不敢对客户说实话，是因为担心客户会被产品的缺陷吓走。这种可能性不是没有，但我们不能因噎废食，因为客户也明白世界上没有完美的产品。对客户坦诚，虽然可能会吓走客户，但也有可能会让客户更加信任自己。要知道，信任能带来长久的生意，所以这种冒险很值得。

2. 先扬后抑，做好铺垫

虽然我们有必要告诉客户产品的不足之处，但也不要一上来就说。要先就产品的卖点进行渲染，等客户了解产品的优点后，再慢慢说出不足。这样，客户能够更好地权衡利弊，做出正确的选择。

3. 真诚的态度比什么都重要

既然我们决定做一名有诚信的销售，那么在沟通时就要用真诚朴实的话语，获得客户的信任，开展友好的合作。

做一名诚信销售，对客户坦诚相待，是重要的销售法宝。我们都喜欢看清楚、问明白，谁也不想被蒙在鼓里。客户一旦感受到你的真诚，未来就可能有更多的合作机会。

站在客户的角度，为客户着想

销售和客户从来都不是对立的关系，虽然大家是陌生人，但我们不要只停留在"买卖商品"的关系上。即使做不成客户的朋友或知己，最起码也要把客户当成自己关心的人，设身处地为客户着想，并站在客户的角度，为他们提供需要的产品和服务。同时，我们还要照顾客户的内心感受，不要说出让客户尴尬或不舒服的话。如果你能做到这一点，对方也许就不会拒绝你提供的产品和服务。

陈大爷有一款堪称老古董的手表，那是他引以为傲的宝贝。不过，最近这个宝贝有点闹情绪，有时就不走了，给他带来不少麻烦。

一天，他在大街上溜达，突然看到一个新开的钟表店。

他一下就来了兴趣，想找人看看自己的手表究竟出了什么问题，还能不能修好。

一个年轻店员迎了上来，热情地询问陈大爷有什么需求。陈大爷说："我想看看表……"还没等他说完，年轻店员就给他介绍起各种适合老年人佩戴的手表。

陈大爷打断小伙子的介绍，抬了抬自己的手腕，说："小伙子，我有手表，但是这表最近不准了，我是进来看看能不能修。"

这个年轻店员让陈大爷把手表摘下来。他拿在手里仔细看了看，说："大爷，您这手表可有些年头了，买了不少年吧？可真是古董了。说实话，您这款表早就被淘汰了。您看看这表的表带已经褪色，表盘上也被划得一道一道的，指针都弯了。这表太旧了，现在还能走真是奇迹。看大爷您也是个不差钱的人，还是花点钱换个新的吧。我们这有多款手表，哪一款不比您手里的强，您说是不是？"

小伙子声音不小，屋里客户又多，听到他这么犀利的话，纷纷扭过头来看，有些人还特意走过来看看陈大爷的手表。陈大爷是要面子的人，什么时候被这样围观过？他内心特别不舒服，但他不喜欢在大庭广众之下跟人起争执，所以只是狠狠地瞪了小伙子一眼，就准备离开。

目睹这一切的店长此时走了过来，拦住要离开的陈大爷。

只见他面带微笑，诚恳地向陈大爷道歉："大爷您先等等，先跟您道个歉，我们那个新来的员工说话随意，您大人不记小人过，别跟他一般见识。"

陈大爷摆摆手，说："唉，是我自找不愉快，没关系的。"这句话让店长心里更加愧疚。他接过陈大爷手里的表，说："您这款表我看一下，可真是个古董，有不少年头了。这在当时可是一块好表，质量相当好，这么多年了还能用。您当时买这块表花了不少钱，还托人了吧？"

大爷看到有人识货很开心，就告诉店长这块表的来历。店长听完点点头，说："您这块表最近时走时停，对吗？"

"对对，就是这个问题，搞不懂是为什么。"

"大爷，这款表可以修，但肯定要换零件，而零件还不知道能不能买到。即便买到了，可能这里修好了，那里又坏了，还是不能保证您随时知道准确的时间。我个人给您一个建议，这块表就收藏起来，毕竟是一个时代的记忆，非常宝贵。您可以再买一块表代替，也方便您看时间。我母亲也有一块老式表，我也劝她收起来，再买个新的看时间。如果您愿意看看，我来给您推荐几款价格实惠、质量过硬的表，不买也无所谓，您先看看。"

陈大爷听店长分析得很有道理，与其跟这块表过不去，还不如就让它当个古董，留个念想。整天戴在手上，万一丢了，那多可惜啊!

于是,在店长的推荐下,陈大爷买了一款新手表,这下也不用担心不知道准确的时间了。

同样是销售,为什么店长就成功了?那个年轻店员究竟错在哪里?为什么不仅东西没卖出去,还惹得老人家不开心?

从客户的角度来看,店长的话会让人有一种感觉,他是自己人。他就像大爷的孩子一样会哄着大爷说话,先夸夸那块老旧的表,再劝大爷珍藏起来。他站在客户的角度为客户找到解决办法。面对年纪大的客户,自然不能用对待年轻人的方法来推销,一味地强调新款手表的功能,而是应该考虑老人的需求——实用、实惠。更何况,年轻店员为了卖出手表就贬低客户的手表,这怎么能让客户心里舒服呢?

销售成功的关键是站在客户的角度,设身处地为客户着想。

1. 以情动人,娓娓道来

客户的感受既然这么重要,我们就要学会利用说话技巧来给客户春风般的温暖,不要像那个说话直来直去的年轻店员,完全不考虑当事人的感受。试想自己对朋友、亲人是什么态度,就要学会用同样的语气去打动客户。

2. 先扬后抑,层层递进

做销售的人都急于成交,这一点情有可原,不敬业的人才不急着卖出产品。但是对持不同意见的客户，我们不能上来就否定对方，这会打击对方的自尊心。客户一旦产生不愉快的情绪，就很难再有耐心听你介绍下去。

　　小丽去买鞋子，销售人员极力给她推荐一款高跟鞋。小丽表示自己不愿意穿累人的鞋子，更喜欢穿平底鞋。销售人员却说："你穿的那款鞋子已经不流行了，看上去也不舒服，跟你的衣服也不搭，还是赶紧买一双新鞋吧。"

可以说，这个销售人员如果不改变说话的方式，肯定没有什么业绩。

所以，在销售过程中，销售人员要站在客户的角度，设身处地为客户着想。很多客户都希望自己不是被推销的对象，而是被真心惦念的人。

保持幽默，和客户一起乐一乐

幽默的人很受大家欢迎，通常都有好人缘。懂幽默的人身上似乎有一种掌控全局的能力，也有独特的办事方法，所到之处都特别受欢迎。

人与人之间的相处模式不尽相同，一言不合就可能产生分歧，甚至产生矛盾。这时候，一句玩笑话可以打破冷场和尴尬，化解双方的敌对与戒备情绪。所以，我们提倡销售人员把自己变成乐天派，不仅能娱乐自己，还能逗笑客户。俗话说，伸手不打笑脸人。如果销售人员能用轻松的心态面对客户，就能化解生意场上的很多矛盾。

客户总是对销售人员心存芥蒂，花钱消费的人总怕被对方"占便宜"，这是正常心态。在与客户交谈时，难免出现意见不合或是客户故意刁难的情况。这时候，如果我们不讲究说话方式，仍然直来直往，肯定会让这种紧张局面更加难堪。严重的话，或许会导致客户下不来台，失去合作意向。

因此，千万别让场面尴尬下去，也别认为自己丢了面子，索性一走了之。要学会随机应变，利用幽默的方式缓解尴尬与紧张的气氛，化刁难于无形中，并将气氛引到和谐欢乐的方向。也许客户只是一时无心的刁难，如果你能从内心原谅对方，用玩笑的方式一笑了之，说不定对方还会爽快签约呢。

小庄是一名业务员，每天的工作就是约见客户。由于公司业务划分得并不清晰，业务员有时候会拿到重复的客户信息，这样就会让没有意向的客户感觉被骚扰了，于是抱怨他们这些业务员。不少同事受不了这份气，都辞职了。小庄倒是每天笑呵呵的，似乎没有什么烦心事。就算市场行情不好，他也能拿回合同订单。

他的秘诀就是两个字：幽默。见客户时保持好心态，随时准备让客户露出笑容。说来简单，但做到这一点还是挺不容易的。

有一次，小庄拜访一位新客户，谁知那位客户对他非常排斥。他看了看小庄递过来的名片，就随手扔在一边。小庄并不介意，微笑着说："您好，廖经理，感谢您能抽时间见我一面，我知道您的时间非常宝贵，所以我会尽快介绍一下我们公司新推出的业务。"

"你不用介绍了。你们公司前几天有人来过办公室给我讲优惠政策，听得我头都大了。以后别来骚扰我了，我现在不需要你们的业务，拜托，好不好？"说是"拜托"，但客户的神态和语气可一点都不客气。

小庄心想，这次是碰到难搞定的客户了。虽然之前在电话里就感觉到这位不是好说话的人，但真的碰了钉子，还是不甘心就这么被赶出去。他飞速地回想廖经理的话，随即就想到对策。

"您说的那位同事长相应该不如我吧？不然你们应该早就签好合同了。"他幽默地问道。

听了这话，客户感到吃惊，先是愣了一会儿，然后说："他可比你好看多了，也比你高很多，最起码高一头吧。"

"那就是了，经理，您肯定知道这句话：浓缩的都是精华。因为我的身高比他矮，头脑能装下的东西就比较少，我把我们业务的关键信息进行浓缩，然后才记到大脑里。您相信我，听了我的介绍，不仅不会浪费您的时间，还能让您知道核心信息，为您省钱省时，这可是我们行业的'核心机密'，您就给我个机会吧！"

廖经理听了这话，顿时对小庄另眼相看。自己把话说得那么狠，都没有打击到这个年轻人，他反而能用幽默化解尴尬，真是不简单啊！他哈哈大笑，说："没想到你说话还挺幽默的。那好吧，今天我就听一听浓缩后的精华到底是什么。现在，我只给你5分钟，你自己把握吧。"

他们随后的谈话远远不止5分钟。最后，两个人不仅签下一份合同，还成为朋友。廖经理告诉小庄，就是他那句幽默的自嘲地打动了他。

试想，如果小庄不是一个懂得幽默的人，在遭到客户无情拒绝时，就无法缓解这种尴尬，只能愤愤地离开，甚至有可能把情况搞得更糟糕，让客户更加厌烦和排斥。

自嘲也是一种幽默，幽默的话语其实是高情商的表现。客户甩出伤人的话语，但是小庄明白客户其实是对事不对人，他需要做的就是得到一个被理解和接受的机会。一旦他用幽默的方式放松对方的身心，就距离成功不远了。虽然客户关闭了沟通的门，但是小庄聪明地找到了一把钥匙——幽默。

有人问，我们现在学习幽默风趣的交谈技巧还来得及吗？答案是肯定的。

1.避免硬碰硬，给彼此缓冲的时间

客户也是普通人，难免会提出一些过分的要求，或者犯一些明显的错误。如果我们说话又直又硬，直接甩出证据反驳客户，

气氛就会更加紧张，不利于之后的沟通和交流。此时，我们可以用幽默的话语缓解气氛，再给客户几秒钟时间重新思考自己的问题。打个比方，客户抛出一个你根本接受不了的条件，那就幽默地说："您又跟我开玩笑，不过这玩笑却让我想哭啊。"

2. 自嘲，博客户一笑

人无完人，能够针对自己的短处或者缺点自嘲的人，内心都是强大的。我们开自己的玩笑，博客户一笑，让他们理解销售人员的难处。头发少的人说自己"聪明绝顶"，个子矮的人说自己"浓缩就是精华"，都能让人会心一笑。

3. 要分环境和场合，把握好尺度

调节气氛要分环境和场合，幽默也要注意把握尺度，别一不小心过了头，说出没有深浅的俏皮话，让冷场变成尴尬，甚至被人赶出门。

第五章　应对

探出客户心中的纠结，障碍自然迎刃而解

☑　善于提问，让客户把信息透露给我们

☑　客户的疑虑正是销售的契机

☑　找到问题关键，化解客户的抱怨

☑　表现你的专业，让客户加深对你的信任

☑　每一处细节，都不能松懈

☑　把客户的时间当成自己的金钱

善于提问，让客户把信息透露给我们

《孙子兵法》说：知己知彼，百战不殆。这句话对各行各业都适用。商场上更需要用"兵法"来指导销售人员，销售重在沟通，沟通重在了解对方的信息。如果能在对话中一步步地引导客户说出更多有价值的信息，销售活动就能顺利进行。

客户身上有利于销售的信息太多了，他们的性格特征、消费倾向以及内心需求等，也许只是一个不经意的细节，就能打开销售人员的思路。产品固然重要，但前提是能够准确抓住客户的购买需求。我们要多一点耐心，多一点提问，等待客户思考和回答。客户的反馈是值得我们斟酌的信息，要精准对接产品与客户需求。我们不仅要偶尔路过的客人，更要培养长期的客户，所以，应该学会循循善诱的对话方式。

小区门前的早市上热热闹闹，每天都有固定的摊主卖蔬菜水果。一天，林大娘来到一个水果摊位前，问："你这水果都是甜的吗？"

摊主甲一听就赶紧回答："甜的，都是甜的，不甜不要钱。您看看，这水果都是刚摘下来的，咬一口都跟吃了糖一样！您来点什么？"

本以为客户要挑一些，摊主甲把袋子都准备好了，结果大娘摇摇头、摆摆手就走了。摊主甲感到莫名其妙，说："不要甜的，难道你还要酸的、涩的？是不是不想买啊？"

林大娘没有理他，又来到旁边的水果摊前，问了一样的问题。摊主乙或许是因为听见了他们的对话，于是回答道："大娘，我这水果有甜的、酸的还有香的，您看看喜欢哪种口味，我给您推荐一下。"

"我要点酸甜口的，不能太甜，太甜了我不要。"大娘说。

"没问题！您看这新鲜的红富士苹果，还有巨峰葡萄、黑布朗，都是酸甜的，水分足，又新鲜，甜而不腻，酸却不倒牙，都是好滋味。"摊主乙热情地介绍着水果，看起来很专业。

在他的推荐下，林大娘没说太多就挑了一些，但是量都不大，看来她是先尝试买一些，并没有确定到底买什么水果。摊主乙看了也没有多说什么，林大娘付钱走人，这场交易就结束了。

林大娘拎着水果走到街头。这里也有一个水果摊，摊主是个开朗爽快的人，看见她手里拿的几样水果就热心地问："阿姨，您买的水果都有点酸啊，是您自己吃吗？上年纪了，胃有些弱，您一次别吃太多，不然容易伤着胃。"

"我哪舍得买这些水果给自己吃啊，是给我儿媳妇买的。她刚怀孕，每天都有反应，吃不进去饭，一吃就吐，也就能吃点水果、蔬菜啥的，我这不寻思多买两样，看看她爱吃啥。"林大娘说到儿媳妇怀孕就特别高兴，也打开了自己的话匣子。

"哟，那可得恭喜您啊！过几个月就该抱孙子了！这婆婆真好，想得周到，看来您婆媳俩处得挺不错的。回头孩子出生了，一家几口其乐融融，您就等着美吧！"摊主的一席话让林大娘特别开心，她就在这个水果摊又看了看。

"大娘，您想得没错，孕妇都喜欢吃酸甜可口的水果。但是孕妇吃水果也有讲究，不能吃太寒的，也不能吃太热的，还不能吃容易过敏的。您手里这苹果就不错。刚怀孕的人，胃口可娇气着呢。"

"水果还有这么多讲究啊，可真是难为我了。我年龄大了也不会上网，就随便买了些。"林大娘叹了一口气。

"大娘，您别犯愁。每天来我这里的孕妇挺多，我也是听她们讲的。这样吧，您得空就上我这里看看，我看别的孕妇买什么，就推荐给您。怀孕了要吃点好的，最好是不打药的，我这里也有，都是大家预订的。您要是买了不打药又好吃的水果，儿媳妇吃得开心，大孙子在肚子里也健康，您说是不是？"

"那敢情好，你可帮了我大忙了，贵点没事，东西好才是真的。我每次出来买水果都挺犯难的，人上了年纪也不会挑。以后我就在你家买了，有好的东西你给我留着。"林大娘爽快地说。

"没问题，您给我留个电话，有那种无公害、不打药的水果，我好告诉您。"就这样，林大娘成了第三个水果摊的客户。

3个老板都在卖水果，东西也差不多，但销售方式截然不同，营业额也会大不一样。

第一个老板比较被动，思想比较保守。客户提问，他就回答；客户不问，他就不说话；客户不买，他还会埋怨。这种销售方式是比较老旧的。

第二个老板升级了，既能给客户不同的选择，还能重点推荐客户有可能喜欢的水果。但问题在于，他的注意力都放在自己身上，根本不提问客户，自然就没有了解客户的机会。

最厉害的是第三个老板，即便客户无意购买，他也能通过三言两语留住客户，并主动说出与自己有关的信息。他提一个问题，就能让客户自然回答，这个过程就是循循善诱。直到老板了解关键信息，再顺势发展，就能发展出一位老客户。

我们要学习第三个老板，通过各种方式了解客户，收集客户信息，确定客户的深层次需求，成功地推销产品。

1. 主动热情地询问

每个销售人员的性格不同，内向和外向的都有，但是面对客户时，要学会先开口。即便客户不愿意多说，只要你热情地打招呼、提问，一般人是不会拒绝的。总要有一方先开口，为什么不能是我们呢？

2. 提出精准的问题

我们要鼓励客户说出他们的故事，并且记住他们透露的有用的信息，如年龄、职业、出生地及兴趣爱好等。同时，沟通要深入，提出精准的问题，把话聊到客户的心里去。

沟通是一个此消彼长的过程，你说得太多，客户就不会多说。因此，一个聪明的销售人员往往会用一个精妙的问题，让客户说出自己想知道的信息。这听起来是不是很棒呢？

客户的疑虑正是销售的契机

"有人提出异议，销售员就相当于遇到个金矿，如果销售员听到不一样的声音，无疑就开始挖金子了。"销售大师汤姆·霍普金斯的这句话，让许多销售人员豁然开朗：原以为客户挑三拣四是来添堵的，没想到人家居然是来送单的，之前真是冤枉了他们。每个销售人员都遇到过难搞定的客户。他们一会儿嫌价格贵，一会儿嫌质量不好，一会儿又说设计不够新颖，但是他们又不想走，一直留在这里看来看去。那么问题来了：他们究竟是想买还是不想买呢？

答案是肯定的。销售精英普遍认为，当客户对某种商品质疑时，他们不是来找碴儿，而是在仔细观察之后有了强烈的购买欲望。所以，客户挑毛病并不是坏事，我们需要正视这个问题。如果客户对着一件商品大肆批判，最后却什么也没买扬长而去，难道这个客户是闲着没事做吗？

在商场闲逛的时候，就算导购再怎么热情地推荐产品，没有购买欲望的我们只是摇摇头便走开了，根本无心与导购"抬杠"。因为没有消费欲望，所以产品是否有瑕疵，客户都不会介意。

相反，如果客户对一件商品仔细观察，从各个角度挑毛病，但又不愿意离去，就充分说明他们心有所属，只是借机砍价而已。价格是否有商量的余地是后续话题，关键是我们要在客户的抱怨声中保持积极的心态，解答客户提出的问题，打消他们的疑虑。

小魏在一家家具公司做导购，公司主打高端实木家具，所以价格相对高一些。一天，店里来了一位穿着朴素的中年女人，只见她在店里转来转去。

小魏平时话不多，所以在打完招呼之后就跟在客户身后，也没做什么介绍。客户在一套书架前停下，看了一会儿，不太满意地问："你们店里只有这么一款书架吗？这也太老气了，款式和颜色都不好看啊。"

听到这话，小魏看到了希望，于是慢条斯理地回复道："我们店里就这一款书架，因为是经典款式，所以卖得挺好。咱们店里都是实木的，结实、耐用而且环保，还是经典的中国风，不管是哪个年龄段的人用都特别合适。至于书架的颜色，是我们设计师经过多番试验才选出来的百搭色彩。不管您家里的装修是什么风格，都能搭配得大方好看。"

客户边听小魏的介绍，边近距离观察，接下来又摇摇头说："你们这款书架太贵了，实木书架也有便宜的，定价虚高吧？"

小魏没被打击到，而是继续笑着说："实木也分很多种，我们这款书架既结实又防蛀，还没有异味。买回去后只做简单的处理就能用，不需要您再通风散味。至于价格，是高了一点，这个我不否认，但是一分钱一分货，您是识货的人，我就不多说了。"

客户还是不太满意，继续说："你看看，就这么个小书架还这么多钱，我看就剩这一个了，要不便宜点卖给我吧。"

"姐，这款书架我们常年在卖，没有降价或者打折过，客户的反馈都很好。昨天刚刚卖出去两个，这个不是库存也不是残次品，所以没有办法给您打折，但是我可以给您送个小礼物，一套经典的四大名著，您回去就可以摆上书架。"

最后的结果大家应该猜到了。客户订购了这款看似一大堆毛病的书架。离开的时候，客户满面春风，看似很满意。

客户从进店之后就百般挑剔，不是怀疑档次就是嫌弃款式，要不就是挑剔价格，但是销售人员并不生气，反而心平气和地和客户沟通，打消客户的种种疑虑，正因如此，才成功地卖出产品。

销售人员清楚地知道，既然客户对这个书架感兴趣，那么就有购买的意图。她不断地挑剔，不是想要得到老板的"支持"，消除自己的疑惑，就是想要砍价，给自己省点钱。

客户总是想要通过挑刺来掩盖自己的消费倾向，却不小心透露了自己做好的"工作"，必然是深入了解并心仪已久，才能有各种"借口"来砍价。既然知道了客户的这个秘密，那么再遇见如此挑剔的客户，我们该怎么办呢？

1. 做一个有耐心的销售，控制好情绪

做销售不是一件容易的事，面对各种性格的客户，我们要控制好自己的情绪，给客户呈现积极阳光的一面。很多人不喜欢挑剔的客户，认为他们无心购买。一旦对挑剔的客户产生敌对情绪，表现出来的就是冷漠或者回击。虽然你能逞一时口舌之快，但实际上还是自己的损失，因为很有可能失去一个有潜在购买力的客户。

做销售有销售之道，客户也有自己的想法。他们试图从产品和价格两个方面去挑毛病、讲条件，有时候一计不成又生一计，目的只有一个：便宜一点。所以，千万不要随意发火，而要做有耐心的销售。

2. 为客户解决问题，是成交的关键

我们一再强调要重视客户需求，当他们挑剔的时候，销售人员就要拿出诚恳的态度，耐心解答客户提出的问题。客户提出的问题正是他们购买的心理障碍，聪明的销售人员会以此为切入点，给自己一个帮客户解决疑惑的机会。当所有的"刺"都被拔掉时，客户除了买单还会说什么呢？

3. 学会赞美，坚定客户的购买信心

人人都有不安全感。客户在购买的时候，担心特别多：价格合适不合适，质量好不好，售后能不能跟上……花钱消费，就需要享受其中的价值。如果这些都不能保证，就难怪客户会挑三拣四，犹豫不决。这时，销售人员的作用就出来了，学会赞美客户，让客户感受到支持，自然能加速销售进程。

赞美客户什么呢？比如独特的眼光、不俗的品位等，这样能够让客户更加安心。同时要学会赞美自己的产品，如产品的价值、优势及优惠时机等，这些都是销售人员要给客户传递的信息。

销售就是销售人员跟客户对弈的过程。销售人员不要嫌弃客户的挑剔，那只是他们透露自己购买意愿的小小表现。多一点理解和支持，销售就会更顺利。

找到问题关键，化解客户的抱怨

世上无难事，只怕有心人。我们听着这句话长大，受益无穷。都说现在生意不好做，销售人员的成交率越来越低，提成也拿得越来越少，不少人想放弃或者转行，但我们心知肚明，这并不是真正的解决办法。市场竞争激烈，销售难做，我们无法改变这种大环境，却可以改变自己。

换个角度看世界，世界会更美好；换个角度看销售，危机也能变成商机。当我们给客户带来前所未有的新体验时，就能培养客户的重视度。一来二去，生客变熟客，生意就这么发展起来了。

在一条繁华热闹的美食街上，新开了一家饭店甲。饭店甲环境温馨，看上去也特别干净。虽然主打川菜，但也有很多孩子爱吃的又甜又脆的菜品。一到用餐时间，这家饭店就被预订满了。

有人在饭店甲的对面开了一家定位差不多的餐厅乙，这是标准的抢客行为。餐厅乙开业当天，吸引了不少人。但没过几天，人越来越少。餐厅乙的老板看着对面的饭店越开越红火，始终想不出原因。不到3个月，餐厅乙就贴出"转让"二字。饭店甲趁机谈下这个店铺，接手之后改成中档西餐厅。

大家觉得饭店甲生意红火可能是因为口味好，新开的西餐厅就不一定会红火了。谁能想到，饭店甲的老板就是这么厉害，新开的西餐厅也成为需要预订才能有座位的店。

有人觉得好奇，难道饭店甲的老板在菜品里加了什么祖传秘方？为什么大家都一而再、再而三地光顾他开的两家店呢？

原来，这条街挨着几个居民小区，一到吃饭时间，家庭聚餐就比较多，他们大多都带着孩子。

有些孩子吃饭时左看看右看看，推一把椅子，踢一下桌子，弄出很大的动静来，惹得其他桌上的客人不愉快。尽管家长多次制止，但孩子还是有些淘气。有时，客人跟服务员提意见，让孩子小点声。这时，家长难免跟服务员产生口舌之争。不管是大吵还是小吵，客人以后可能都不会再来了。

饭店甲的老板在开第一家店的时候就意识到这个问题。于是，他在饭店一角设置了一个儿童区，里面有桌游玩具及绘本等书籍。

当服务员看到孩子们吃饱饭想捣乱的时候，便去跟他们的家长商量，让孩子们去儿童区玩耍。当然，为了孩子的安全，店里还专门派了一个有经验的服务员照顾孩子。

两种截然不同的就餐体验，你会选择哪一种？答案不言而喻。哪家会经营不下去，哪家会生意兴隆，结果也非常明显。所以，想要吸引客户并成交，销售人员就要了解客户需求，帮助客户解决困难和疑惑，给客户带来好的体验。

客户抱怨没有好的消费体验，销售人员抱怨没有好的推销机会，所有的抱怨都是浪费精力和时间。销售人员与其抱怨，不如把自己当成客户，想想客户的诉求是什么，他们希望得到什么样的服务……从这些问题出发，帮助客户解决问题，就能帮我们脱离困境。

如今，外卖行业发展得如火如荼，大家在网上订餐，就有人送到家里，非常方便。不知道大家发现没有，现在网上也可以买药了。越来越方便快捷的购物体验，都是为解决客户难题而诞生的。生病的人因身体不舒适无法出去买药时，是打电话麻烦朋友还是一直忍着呢？通过点外卖的方式选购常用药，几十分钟就能送药到家。商家既解决了客户的难题，也抓住了商机，获得了财富。

成功的销售建立在满足客户需求、帮助客户解决难题上。我们在与客户沟通时，要抓住这个关键点，尽量给客户带来又新又好的体验和感受。如此一来，客户的需求就能成为我们的商机，使我们顺利完成销售任务。

看似很难解决的问题，其实只要用心记住以下两点，就能在销售行业立足，并做出成绩。

1. 弄清楚客户的需求

销售的核心不是商品，而是客户。销售人员如果能做到把落脚点放在满足客户需求上，就能提高销售效率。搞不清客户想买什么产品之前，最好不要喋喋不休地介绍产品或者价格，因为这不仅是在做无用功，还可能会惹恼客户。我们不能以自己为中心，不能为了销售量和销售额就不顾客户的真实需求，强买强卖。

真正在乎客户需求和感受的销售人员，总会千方百计地满足客户需求，难怪他们总是获得成功。

2. 创新服务，避免千篇一律

创新永远是进步的灵魂，在销售中更是如此。从客户需求出发是没有错的，在这个基础上，我们还要能够提供更新颖的服务，让客户感受到前所未有的新鲜体验，才能在激烈的市场竞争中脱颖而出。

家长带孩子吃饭十分辛苦，如果有一个地方既能让孩子安全地玩耍，也能让家长坐在一边喝下午茶、看看书，享受安静的时光，是不是很美好呢？现在许多城市开设了亲子餐厅，特别受家长的欢迎。这就是创新服务的好例子。

生意难做吗？订单难成交吗？既然要做销售，就不要怕难。难题是人出的，答案也是人找出来的。如果你能弄清客户的需求，化解客户的抱怨，并给客户带来新体验，客户怎么会不自己找上门来呢？

表现你的专业，让客户加深对你的信任

销售人员最重要的技能或者说素质是什么？是热情、良好的沟通技巧，还是善于推销自己？

关于这个问题，各有各的说法，但不可否认的是，销售人员能够从客户角度出发，给予客户专业的指引是很重要的。这在营销学理论中被称为顾问式销售，也就是更注重客户需求，基于专业为客户提供完整、适合的解决方案和产品。

销售人员以该行业专家顾问的身份出现，从客户角度出发，帮助客户解决问题、选择正确的产品或服务，满足客户现有或潜在的需求，所以很容易赢得客户青睐，最终成交。

与之相对的是告知式销售，即从销售角度出发，重点强调产品本身，而不是客户的需求。这种方式很难打动客户，更难成交。

不妨看看这个案例：

　　小张准备拜访一位重要客户，于是打算买几件衬衫来搭配新西装。他来到一家男装店，刚进门导购就上前招呼："先生，请问有需要帮忙的吗？"当小张说出自己的需求时，导购热情地领他到衬衫区，并拿来几件衬衫，说："我们的衬衫都很好，您觉得这几件怎么样？"

　　小张看得眼花缭乱，难以抉择，便借口再看看就匆匆忙忙离开了。之后，他进入第二家服装店。一位中年导购微笑着向他走来，客气地问："请问，有什么需要帮忙的吗？"

　　小张再次说出自己的需求。导购问："您想在什么场合穿这些衬衫？"

　　小张答道："我过几天要见一位重要客户。"

　　导购又问："您想搭配什么颜色的西装呢？"

　　小张答道："黑色或深灰色西装。"

　　导购点点头，带领小张到衬衣区，继续问："您比较喜欢什么颜色和款式的衬衫？"

　　小张答道："最好时尚一点，但不能太花哨。至于价位，不要太贵为好。"

　　听到小张的回答，导购想了一下，拿来几款衬衫，说："您看看这几件，它们与深色系西装很搭，价格也不算太高，但做工精细，既正式又时尚，能够彰显您的气质。"随后，导购一一解释这些衬衫的材质、剪裁、缝制、袖口、价格以及维护方式，并且介绍如何搭配领带能够彰显男士的魅力。

听了导购的专业建议，小张当场选购两款衬衫，还额外购买了两条领带。

为什么第一家服装店的导购让小张"落荒而逃"，而第二家的导购却轻松拿下订单？很简单，两位销售人员的出发点不同，沟通方式也不同。前者属于告知式销售，只是一味地推销自家的衬衫，没有从客户的角度出发，更没有给出任何建设性意见。后者则利用自己的专业知识来指引小张，考虑到穿衬衫的场合、搭配的西服以及适合的领带等，是在用心帮助小张选择适合自己的衬衫。

在现实生活中，第二种销售人员少之又少，绝大部分都属于告知式销售。他们只想卖出产品，结果就是：跑折了腿，磨破了嘴，客户就是不买账。是啊，客户的需求得不到满足，问题也得不到解决，又怎么会成交呢？

销售人员想要提高成交率，就应该转变自己的思维和态度，努力从告知式销售转变为顾问式销售，站在客户的角度，提供专业意见。具体来说，应该如何做呢？

1. 提升个人能力，提供专业建议

客户在购买产品时，总希望导购提供专业建议，帮助自己做出恰当的选择。所以，销售人员必须对自己的产品了如指掌，既要了解整个行业的具体情况及产品的优势，也要能够回答客户提出的各种疑问，否则就有可能失去客户的信任，导致销售失败。

销售小凯由于对产品不了解，错失了大好机会。一次，她向一位客户推销，客户的购买意向很大，便多问了几个专业问题。小凯开始还能对答如流，一一介绍产品的工艺、特色及优势，可当客户问到一些其他公司的产品问题时，小凯就含糊不清。她只了解其他产品的名称，对于其优势、特点等一无所知。结果，小凯失去了这个客户。客户临走时说："如果你不了解其他产品的长处，又怎么能够确保自己的产品比它更有优势呢？"

2.从客户角度出发，帮客户做出符合其需求的决定

销售人员虽然对产品的了解比客户多，但不代表可以对客户的决定指指点点，更不能替客户做决定。很多销售人员喜欢说："我是专业人员，懂得比你多，你就听我的吧！"但这样的话只能招来反感，把客户推得更远。

高超的销售人员在为客户提供专业化指导意见的同时，更尊重客户的意见。

3. 不能不懂装懂，欺骗客户

销售人员不是万能的，不可能精通所有知识。遇到不懂的问题，只要坦诚地承认就可以了，千万不要用"可能""也许""差不多"这样的话来搪塞客户。若是不懂装懂，欺骗客户，只能得不偿失。

总之，想要在竞争中脱颖而出，销售人员就应该努力提升自我，把专业当作武器，把客户放在首位。当你从告知式销售转变为顾问式销售时，成功率就会大大提升。

每一处细节，都不能松懈

成功没有秘诀，但少不了两个字：细节。所谓细节，就是从小处做起，在细微之处用心。

销售工作看起来简单，但各个环节是环环相扣的，容不得半点马虎。尤其是在产品趋同、竞争激烈的今天，销售人员要想留住客户的心，更要注重每一个细节，把服务融合在工作细节里，在点滴之中体现对客户利益的考虑和尊重。

同时，细节也是衡量销售人员是否尽职尽责、值得信赖的关键。在销售过程中，如果我们能关注客户，做好细节服务，便可以赢得客户的青睐，提高客户满意度。

小张在一家房地产公司做销售，因为没有经验，人脉资源少，所以业绩并不算好，有时甚至一两个月也出不了一次单，但是他没有放弃。他积极寻找客户资源，只要找到有合作意向的客户，便尽力提供周到细致的服务。

小张在本子上详细记录了成交客户的信息，如客户年龄、职业及联系电话等。当社区即将发生停电、停水等情况时，小张总能第一时间通知客户。小张还主动帮客户揽下一些琐事，比如了解附近幼儿园的教育情况、口碑好的洗车店，以及能干可靠的保姆等信息。

小张有时也会拜访那些老客户，和他们一起布置房间，比如贴壁纸、挂油画、铺地毯等。为了让客户满意，他甚至不惜自掏腰包，替客户解决问题。一次，一对夫妇买了小张推荐的房子，刚搬进新居的时候，发现车库大门没有遥控器。小张马上自掏腰包买来新的遥控器送给客户。

按理说，交易已经谈成，小张没有必要为客户买单，但他却不这样想。他认为自己的举手之劳可以减少客户的麻烦，何乐而不为呢？他的细心和热心肠让这对夫妇非常感动，之后为他介绍了好几个客户。后来，小张的客户越来越多，业绩自然也越来越好。

有句话说得对——细节决定成败。销售人员千万不要觉得细节微不足道，很多时候，客户评定一名销售人员是否具有工作责任感，是否值得信任，就是看他对待细节的态度。客户之所以下订单，可能就是因为销售人员在细小的地方感动了他。

你的能力可以有大小，但绝不能忽视细节。

1. 拜访前做好准备，不忽视任何细节

拜访客户前，销售人员要做好准备，收集关于客户的信息，包括职业、经历、性格、爱好、成就及文化背景等，不忽视任何细节。这些信息可以帮助你接近客户，谈论他们感兴趣的话题，拉近与客户的距离。

同时，销售人员还要准备好各种物品，包括样品、价目表、示范器材、笔记本以及笔等。

2. 为客户着想，在细节上下功夫

某品牌男装新上市一款西裤，右侧裤兜里特意设计了一个更小的竖直布兜。这是因为现在很多人习惯把手机放在右侧裤兜里，可手机左右横向放置会让人不舒服，或是容易不小心掉出衣兜。为了解决这个问题，设计师做了这样特别的设计，而这个细节打动了无数消费者，使他们成了该品牌的忠实客户。

3. 把目光投向细微之处，为客户提供无微不至的服务

销售人员把目光投向细微之处，为客户提供周到、细致的服务，客户没理由不被你打动。

某连锁火锅店为什么能在餐饮界异军突起，受到众多消费者的青睐，关键原因在于它的细节服务。从客户一进门起，员工便开始热情招待，细心地引导其入座；客户等位时，服务员会送上水果、甜点等表示歉意，或是提供擦皮鞋、美甲、免费电话亭等多种服务项目供客户消遣；服务员会为长发的女士提供皮筋和发夹，以免头发落到食物里；单人用餐时，服务员会送上可爱的玩偶陪伴；孕妇用餐时，服务员会提供专门的柔软座椅，并特意赠送咸菜；客人带小孩用餐，服务员会为其照顾小孩，陪小孩做游戏……

正因他们从小处做起，为客人提供细致入微的服务，才成为餐饮界的传奇，在全国开出上百家直营连锁店。

天下大事必作于细。销售人员只要能在细节上用心，业绩自然风生水起。

把客户的时间当成自己的金钱

　　现在是一个讲究高效的社会，人人都希望在最短的时间里得到最大的收益。销售人员不仅要管理好自己的时间，争取创造更高的业绩，更应该重视并管理好客户的时间。

　　事实上，不少销售人员只关心如何安排自己的时间，很少考虑客户的时间。或是不考虑客户，常在客户忙碌、休息、吃饭的时间拜访；或是不尊重客户，没有预约就唐突拜访；或是不珍惜客户的时间，因个人原因迟到甚至失约……

　　要知道，每个人的时间都是宝贵的，客户的时间更是如此。如果销售人员不懂得管理或珍惜客户的时间，那只能让客户反感，导致交易功亏一篑。

　　阿君好不容易与某位客户约好下午3点到其公司商谈合

作事宜。若是谈好的话，客户当天就可能直接签约。可这即将到手的订单却被阿君搞砸了。

当时正值夏季，中午下起暴雨。阿君在拜见另一位客户回来的路上被雨水淋湿了。公司没有换洗的衣物，他打算回家换套衣服。同事知道他下午与客户有约，便劝说道："楼下就有一家服装店，你不如直接买一套新衣服算了。你家离客户公司远，要是迟到就不好了。"

阿君却不在意地说："没关系，我心里有数。楼下服装店的衣服太贵了，我可舍不得买那么贵的衣服。"

回到家之后，阿君洗了澡，吹了头发，换了衣服，这时都快两点了，于是赶快出发。他认为从家里到客户公司有一个小时足够了，可是暴雨突袭，城市路况非常不好。等阿君到客户公司门口时，已经是3:30了。

阿君不好意思地道歉，客户并没有说什么。可等阿君想要说正题时，客户突然起身说："不好意思，我还有其他事情，现在需要出去一趟。"

阿君立即说："可是我们已经约好……"

客户严肃地说："我们约好的是3点，你已经迟到半个小时。你先回去吧，等我电话联系。"然后就离开了。

阿君失去合同，令人同情吗？不，这是他自食其果。作为销售人员，你可以利用自己的时间做任何事，但不能置目标客户于不顾，浪费客户的时间。如果你让客户感到你在浪费他的时间，那么他也不会再和你谈下去。

我们应该如何合理地利用客户的时间呢？

1. 尊重客户，绝不浪费客户的时间

拜见客户时，销售人员千万不能迟到，更不能失约。这是与人沟通的大忌，没有人喜欢和信任不守时的人。

同时，销售人员要珍惜客户的时间，尽量用最短的时间介绍产品。本来介绍产品只需十分钟，而你却啰唆地说上半个小时，客户能有耐心听吗？能对你有好感吗？

2. 从客户角度考虑，选择最佳拜访时间

拜访客户时，我们要从客户角度考虑，不能只顾自己方便。约见客户时，要事先询问客户有没有时间，什么时候方便，双方协商后再见面。

不要突然拜访客户，也不要在客户休息或忙碌时拜访；不要在周一上午 9:00~10:00 拜访；不要在快下班时拜访，因为这会延误客户下班，影响客户休息；不要在客户刚上班时拜访，因为这个时间客户需要处理很多事务，没有时间和你商谈……

一般来说，最佳拜访时间是 10:00~11:00、16:00~17:00。这段时间，客户大多不是很忙碌，而且也处理好重要事务。在这个时段，双方能充分交流，更有利于成交。

3.不要在节假日拜访客户

很多人会想：客户的时间紧张，工作忙碌，那我可以在节假日拜访吗？当然不行。反过来想想，如果是你下班后、节假日好不容易能好好休息，和家人享受一段休闲时光，却被销售人员打扰，是不是很反感呢？

节假日后的第一天也不是很好的拜访时间，因为这一天客户需要处理很多事情，也没有时间应付销售人员。

总之，尊重客户时间是销售人员应该做到的事。销售人员以客户为中心，管理并珍惜客户的时间，才能赢得客户的青睐。

第六章　故事

相比冷冰冰的推销，故事更能吸引人

☑　每一款畅销产品，都有一个动人的营销故事

☑　故事销售的关键是引发客户的情感共鸣

☑　故事主题要迎合客户的购买期许

☑　瞄准客户的兴趣点讲故事

☑　就算是销售故事，也别丢了趣味性

☑　其他客户的故事，是极好的产品佐证

每一款畅销产品，都有一个动人的营销故事

在如今这个充满竞争的时代，让产品脱颖而出并获得消费者的好感，并非易事。要不然也不会出现类似的情况：一种产品品质过关，可就是无法成为"爆款"；一个品牌，质量、性能都优于同类产品，在市场上却没有太大的优势。

这就告诉我们一个道理：产品想要脱颖而出，光靠本身的质量、性能还不够，不管是刚刚打入市场的还是想要屹立不倒的，都需要好的营销和推广。为品牌打造一个好故事，借助故事突显产品的与众不同。

看看我们身边的"爆款"产品，哪个没有好故事？这些故事有的是品牌历史，有的是创始人逸事，有的是商标的故事……不管是哪种故事，它都成了该产品独一无二的标志，具有强大的感染力。

在这方面，某品牌冰激凌就是一个很好的例子。在消费者的眼里，它是爱的表达，是品质的体现，是仪式感的诠释。提到冰激凌，很多人就会想到该品牌，这是因为该品牌在制作、营销等方面讲述了许多故事。

某品牌冰激凌举世闻名，享有"冰激凌中的劳斯莱斯"的美称。该品牌创立之初，坚持使用纯净、天然的原料，立志做受世人喜爱的高端冰激凌。该品牌在做营销推广时，用新鲜、天然、健康、温馨、浓浓的爱等故事去宣传。经历了40多年的风雨兼程，到1999年，该品牌已经在全球50多个国家，开设了900多家专卖店和几万个零售点。无论在哪里，只要一提到它，人们心中便会泛起温馨、甜蜜的涟漪。在许多人心里，该品牌销售的已不是冰激凌，而是对高品质生活的追求。

我们相信，靠着品质和口碑，该品牌已成为全球消费者青睐的产品。如果没有借助故事进行营销、宣传，是不可能达到这种效果的。

一个好的故事，可以让产品形象更鲜明，让人印象更深刻。尤其是在产品同质化越来越激烈时，一个好的故事能让一个产品脱颖而出，让人一下子记住它。

那么，销售人员如何讲好动人的营销故事呢？

1. 讲非凡的、与众不同的故事

如果所有的销售人员都在讲故事，人们为什么会被你的故事吸引，记住你的故事呢？关键只有一点，你的故事要与众不同。

关于广受大众喜欢的某品牌饮料有这样一个故事：在19世纪末的一天，该品牌的调剂师琼斯在工作时，不小心将一种药剂和苏打水混合在一起。当他闻到混合在一起的气味后，尝试地喝了一口，没想到意外制作出一种口味奇特的饮料。之后，这种饮料的配方"7X 商品"被锁在银行的保险柜里，除了琼斯以外，任何人都不知道这款饮料的配方。

"7X 商品"是什么？这让该品牌的研发故事充满了神秘感，也激起了人们的好奇心。之后，这个故事开始流传，该品牌饮料也开始在全世界流行起来，成为受人喜爱的饮料。

2. 围绕产品特性，设计故事的创意

在营销过程中，讲故事并不是简单的事，更不是编造一个故事就完了。想要让产品受人青睐，则要围绕产品特性来设计故事。

看看市场上的一些产品广告，虽然也在讲故事，却牵强附会，让人摸不着头脑。如此一来，怎样营销和推广品牌，又如何吸引购买者呢？

3. 避免恶意炒作

营销故事应该是积极向上、充满正能量的。销售人员讲故事时，千万不要为了吸引眼球而恶意炒作，否则就会适得其反。

最后，还有一点需要说明：故事是讲出来的，销售人员应该让自己的品牌故事成为人人传诵的故事，如此才能真正打开市场，让自己的产品成为"爆款"。

故事销售的关键是引发客户的情感共鸣

很多销售人员认为自己与客户是一种买卖关系，就是让客户购买东西。事实上，客户愿意从我们手里买东西的关键因素是情感。若是销售人员只讲买卖，却不能在情感上打动客户，对方几乎不可能下定决心购买，销售很难成功。

我们只有讲符合客户需求的故事，引发情感共鸣，才能顺利促成购买行为。

一对夫妇到一家珠宝店选购首饰，相中了一枚上万元的翡翠戒指。由于价钱昂贵，这对夫妇一时犹豫不决，无法做出最后的决定。

这时，售货员真诚地说："这款戒指是我们设计师为他的妻子设计的，具有特别的纪念意义。当初，设计师和妻子结婚时，两个人都非常贫穷，没有钱买结婚戒指。后来，经过努力，两个人的生活越过越好。不幸的是，设计师的妻子却患了癌症。在得知妻子患上癌症的那一刻，设计师就开始为她设计这款戒指，希望能圆年轻时的梦想。这款戒指花了近一年时间才完成，汇聚了设计师的心血和对妻子的爱。"

听了这个故事，这对夫妇非常感动，因为他俩年轻时也经历了许多贫穷和困苦。他们手拉着手，深情地望着对方。此时，售货员知道他们的购买欲望已经非常强烈，于是又接着说："这款戒指凝聚着设计师对妻子的爱，也代表了爱情的忠贞。我们生产的不多，一共只有10枚。"

最后，这对夫妇付了款，拿着戒指心满意足地走了。

从犹豫不决到当场购买，这对夫妇之所以有这样的转变，是因为产生了情感共鸣。设计师和妻子的故事唤起了他们对往事的回忆以及对爱情的感悟。从这个案例可以看出，通过故事引发客户某种特定的情绪，获得客户的情感认同，是将客户的购买热情推向高潮的关键。

人都是情感动物，容易受情感影响，尤其是当别人的故事与自己的经历、感受相通时，更能引起情感共鸣。所以，当我们对客户讲故事时，应该巧妙地利用这一点，用动人的情节刺激客户情感，达到销售的目的。

很多成功的销售人员，都是大打"情感牌"。汤姆·霍普金斯之所以闻名于销售界，是因为他总是能利用故事与客户建立良好的情感连接，引发客户的情感共鸣。乔·吉拉德在讲故事时非常真诚，总是能讲出触碰客户心灵的故事，让客户在听的同时不知不觉被感动。

可以说，情感因素是人类接受信息的阀门，同时也是有力的销售武器。那么，销售人员如何引发客户的情感共鸣呢？

1. 讲真实的故事，抒发自己的真情实感

故事感人的关键在于真实，既能体现人们的真情实感，又引起他人共鸣。若是销售人员为了达到目的而胡乱编造，欺骗客户，就会适得其反。即便第一次能使客户上当，也不会再有第二次了。

2. 用真挚的语言讲故事

想把一个情感故事讲得动听，比较有效的方法就是用真挚的语言，触碰客户的心灵。

比如，某品牌的营销故事讲述了一个人旅行的经历。一个人看到火车外面的美景时说："人生就像一次旅行，不必在意目的地，在乎的是沿途的风景和看风景的心情。"这个故事引起广大消费者的共鸣。因为现在的人压力大、烦恼多，"让心灵去旅行"恰好触碰到人们的心灵，说出他们对释放压力的渴望。

3.设计情节，让故事更生动感人

一个故事想要成功，情节要丰满、生动，才能说服客户，感动客户。就像一部电影，剧情太枯燥，叙述不生动，怎么能打动观众？

总之，引发客户情感共鸣是故事营销成功的关键。作为销售人员，我们应该讲好故事，并在故事中增加情感因素，与客户建立情感连接。

故事主题要迎合客户的购买期许

讲故事需要智慧和技巧。只有把握客户心理，有针对性地讲故事，才能做好销售。讲故事前，我们要思考：客户真正的心理需求是什么，他们想购买的产品具有哪些特质，他们能够从故事里得到哪些信息……当故事的主题和客户的心理期许吻合时，客户才能欣然接受我们的产品。

销售培训师博恩·崔西曾说，销售人员讲故事的成功与销售人员对心理的把握有着密不可分的联系。在销售过程中，恰当的心理策略是促成销售的关键。

小薇是某化妆品专柜的推销员。她善于把握客户的心理需求，总是能让客户欣然接受自己的产品。

一次，一位客户在柜台前徘徊，询问道："我的皮肤是敏感性的，平时不敢轻易尝试新的护肤品，不知道你们的产品是否安全。"

听了客户的话，小薇笑着说："请您放心，我们的产品是纯天然的，适合各种敏感皮肤。"接下来，小薇讲了一个故事："我有一个朋友，她的皮肤和您的一样，属于敏感皮肤，她从来不敢换护肤品，就怕过敏。一次，我把我们这款产品拿给她试试，这款产品没有任何添加成分，她鼓足勇气试了一下。一个月后，她告诉我她的皮肤越来越好，也没有任何过敏现象。现在，她已经是我们的老客户了，非我们的产品不买。您不妨也试一下这款产品……"

听了小薇的介绍，客户放下顾虑，痛快地购买了。

还有一次，一位衣着讲究的女士来到专柜前。小薇立即迎上去，介绍说："女士您好，我们是一线品牌，许多社会知名女性都是我们的忠实客户。您的气质这么好，不如我给您试用一下？"

经过简单的试用，这位女士也购买了产品。

小薇的成功就在于她能把握客户心理。第一位客户的心理期许是产品的安全性，所以小薇讲了朋友的故事，侧面告诉客户这个产品是纯天然的，没有任何添加剂。第二位客户的心理期许是产品的品质和档次，所以小薇说产品的用户都是社会知名女性。

客户的心理期许得到满足，所以小薇轻松拿下订单，获得成功。

销售人员要准确把握客户的购买心理，让故事的主题迎合客户的购买期许，才能把故事讲进客户心里。具体来说，我们可以这样做。

1. 客户的心理期许有所不同，要善于揣测

每个人都有不同的身份、地位、性格、爱好，心理期许也有所不同。销售人员要善于揣摩客户的心理，通过准确把握每一位客户的心理来讲故事。

比如，有些客户爱面子，销售人员讲故事时就应该多给予他们赞美、夸奖，满足客户爱面子的心理；有些客户希望买到便宜的产品，销售人员讲故事时就应该强调产品物美价廉……

2. 定位目标，根据客户特点讲故事

讲故事前，销售人员需要明白以下问题，听故事的人是谁，他们是什么样的人，需要什么样的产品……弄明白这些问题后，讲出来的故事才能迎合他们的心理，让他们心动。

可以说，销售就是一场心理博弈战，谁能把故事讲到客户心里，满足他们的心理期许，谁就能成为销售界中的王者。

瞄准客户的兴趣点讲故事

销售人员讲故事，第一步是让客户愿意坐下来听我们讲故事，但只完成这一步还远远不够。接下来，我们要利用故事引导客户信任我们，让他们积极地与我们互动，从而愿意购买商品。

这听起来非常简单，事实上却不是一件容易的事。大多数情况下，我们与客户都处于"你攻他守，你进他退"的状况。这时候，我们应该怎么办呢？

其实，只要我们能够了解客户的性格、心理、爱好，瞄准客户的兴趣点，就可以轻松达到自己的目的。

什么是客户的兴趣点呢？就是客户熟悉、关注或是感兴趣的事物。比如，一个喜欢狗的人，狗就是他的兴趣点；一个喜欢旅行的人，旅行就是他的兴趣点；一个人的职业是老师，教育问题就是他的兴趣点。讲故事的时候，如果我们能够把客户的兴趣点作为话题，或是把产品和客户的兴趣点巧妙地结合起来，沟通就会达到很好的效果。

换句话说，我们需要从客户的角度出发，针对不同客户讲适合他们的故事。

乔·吉拉德是著名销售员，据说至今没有人能够打破他的销售纪录。究竟他有什么神奇的本领能够创下这个奇迹呢？也许我们可以从下面这个小故事中得到一些启示。

一位男士走进乔·吉拉德的门店，乔·吉拉德主动走过去对他说："我有一项本领，一眼就能看出一个人的职业。"男士笑了笑，并没有说话。乔·吉拉德接着说："您肯定是一位律师。"

男士听完乔·吉拉德的话，抬起头说："我不是律师。"乔·吉拉德并没有感到尴尬，而是真诚地问："噢，对不起，请问您是做什么工作的呢？"男士腼腆地说："我是一个宰牛场的屠夫。"或许在他眼里，自己的职业是卑微的，会被人看不起，所以说完之后就低下了头。

令他没想到的是，乔·吉拉德竟激动地说："哇！太棒了！一直以来我都在想，我们吃的牛肉到底是怎么来的。如果您方便的话，能给我讲一下吗？"

听乔·吉拉德如此说，男士变得自信起来。接下来，他兴致勃勃地给乔·吉拉德讲述宰牛的过程。在他讲述过程中，乔·吉拉德也趁机带着他看了店里的几款汽车。

乔·吉拉德对他说："您知道吗？我们店里有一款汽车非常适合您。因为车里有一个设计很像牛头，如果您开着这款车，一定会让你的同事们羡慕不已……"当乔·吉拉德说完，男士立刻要求乔·吉拉德带他去看看，最后毫不犹豫地买下了这款汽车。

乔·吉拉德为什么能轻松地拿下客户？很简单，在沟通过程中，他巧妙地抓住了客户的兴趣点，并以此作为讲故事的契机，激发客户的兴趣，引起对方的共鸣，促进销售顺利进行。

那么，如何才能准确地捕捉客户的兴趣点呢？我们为大家提供几点建议。

1. 善于察言观色，揣摩客户心理

成功的销售人员应该是懂得并善于察言观色的人，在与客户沟通的时候，应该学会仔细观察，观察他们的言行、神态，以及听到某话题时的反应。如此一来，才能察觉客户的兴趣爱好及情绪变化，找到他们的兴趣点，进而讲他们感兴趣的或能触动他们的故事。

2. 有效沟通，而不是自顾自话

很多销售人员与客户的沟通是无效的，因为他们只顾着说自

己的观点和故事，却忘了倾听客户的想法、观察客户对话题的反馈。所以，沟通半天，他们依然不了解客户的真正需求，讲的故事也无法打动客户。

想要实现有效沟通，销售人员要学会倾听，实现与客户的有效互动，获取一些有价值的信息，找到客户的兴趣点，再讲一个完全适合他的故事。

3. 没有兴趣点，制造兴趣点

沟通时，即使我们没能发现客户的兴趣点也不要紧，可以制造一些兴趣点。比如，看到客户带着小孩，你可以夸一下"您的宝宝长得真可爱"；看到客户戴首饰，不妨说一声"您的首饰在哪里买的，真漂亮"等。这些话不仅可以制造新的兴趣点，还可以拉近我们与客户的关系，让谈话顺利地进行下去。

对于销售人员来说，抓住客户的兴趣点非常重要，讲客户感兴趣的故事，促使销售顺利进行。

就算是销售故事，也别丢了趣味性

同样是讲故事，为什么有的故事能让人一下子着迷，有的却让人无动于衷？原因就在于后者失去了趣味性。

我们知道，很多家长在给小朋友讲故事的时候，总是绘声绘色、手舞足蹈，或是利用有趣的道具吸引小朋友的注意力，这样小朋友才会被故事吸引，乖乖地坐下来倾听。讲销售故事也是一样。如果销售人员讲故事时，或一脸严肃，或呆板、毫无生气，或讲的故事枯燥乏味，就很难吸引客户的注意力，更别提说服他们购买产品了。

销售人员把故事讲给客户听，其实就是说服与被说服之间的较量。大多数时候，客户会存在防范心理，所以销售人员应该尽量调动自身的各种优势，把故事讲得生动有趣，用最短的时间吸引客户的注意力。

客户被你的故事打动，防范意识自然慢慢消除，从而对你产生好感，你的说服也变得更加容易。

一个叫微微的销售员很善于讲故事，幽默的言语加上夸张的肢体动作，总能逗得客户开心一笑，从而对她产生好感。一次，微微向一位客户推销保险，可这位客户的购买意向并不强烈。微微没有着急推销，而是讲了一个有趣的故事。在讲故事的过程中，微微总是跟着故事情节做出相应的动作。她是这样讲故事的：

从前，一位大臣因为犯了错，被国王下令处以绞刑。大臣为了活命就苦苦哀求国王："陛下，你不能杀我啊！"微微讲到这里时，做出一副苦苦哀求的样子。

然后，微微又用国王般严肃的语气继续说："我为什么不能杀你？"大臣说："因为我可以让陛下的白马飞上天！"讲到这里，扮演国王的微微做出吃惊的样子，说："真的吗？"大臣说："真的，你给我一年时间，如果我做不到，你再杀我也不迟。"于是，国王下令把大臣关起来，让他想办法让白马飞起来。

一个侍卫好奇地问大臣："你真的能让白马飞起来？"大臣回答说："不能，但是未来一年的事情谁能说得准呢？也许国王去世了，也许白马死了。"

微微绘声绘色地讲完故事，客户也被她的幽默逗乐了。这时，微微对客户说："所以说，人生最重要的是为自己保驾护航。"

听了微微的话，客户的笑声更大了，他没想到微微在这里等着他呢！此时，他已经改变主意，痛快地买了一份保险。

讲一个有趣的故事，消除客户的防范心理，赢得客户的喜欢，是实现销售目的的捷径之一。我们都不喜欢和无聊、死气沉沉的人待在一起，都喜欢听有趣、生动的故事，客户更是如此。所以，销售人员讲故事时，千万不要忽视故事的趣味性。若是没有趣味性，无法打动客户，这个故事还不如不讲。

那么，如何让故事具有趣味性，吸引客户的注意，从而打动他们呢？

1. 用轻松幽默的话语讲述一些有趣的故事

著名销售原一平说：一个故事如果不能够逗人乐，那么这个故事其实就不用讲了。对于销售故事来说，有趣幽默是至关重要的。

在客户对我们充满敌意和戒备时，若是能用幽默的话语讲述一些有趣的故事，使客户放松下来，成交的概率也会大大提升。即便最终没有成交，我们也能给客户留下好印象，发展一个潜在客户。

2. 借助肢体语言，让故事不再呆板

肢体语言可以让演讲变得更有感染力，同样也可以让故事变得更生动，更有吸引力。给客户讲故事，尤其是讲产品故事时，我们可以借助肢体语言，更好地帮助客户理解产品，增强对产品的印象。

3. 投入感情，赋予故事生命力

唐代诗人白居易说："感人心者，莫先乎情。"真情实感既能打动人，也能让故事富有生命力。所以，销售人员讲故事时要全情投入，让故事充满情感。讲快乐的故事用欢快的语气，表达内心的喜悦；讲悲伤的故事则要表情凝重，表达内心的悲痛。如此一来，我们的故事才能调动客户的感情，影响他们的想法。

4. 设计有趣的故事情节

销售人员可以利用设置悬念、设计反差的方式设计故事情节，快速吸引客户的注意力，激发他们的购买欲望。

一个好的销售故事比得上销售人员的千百句话。所以，销售人员应该通过有效的练习不断提升自己，让自己的故事更加生动有趣。

其他客户的故事，是极好的产品佐证

相信很多人都有这样的体验，销售人员告诉你某商品很棒，你会持怀疑态度；广告、新闻告诉你某商品很棒，你还是会持怀疑态度；但若是某个朋友跟你说这个商品很棒，你就会觉得这个商品真不错。

如今，人们对销售人员都比较排斥。当我们向客户讲故事时，若只是告诉客户我们的产品多么好，销量多么高，恐怕很难说服他们购买产品。因为即便你讲得再真，在客户听来都是为了骗他们掏钱而捏造出来的。若是我们能讲其他客户的故事，讲他们对产品的评价、反馈，就能够轻松地赢得客户的信任。

也就是说，我们要告诉客户"别人都说这个产品好"，以此增强故事的说服力。很多高超的销售人员在说服客户时，都喜欢提其他客户的故事："之前一个客户买我们的商品""我刚收到一个客户的反馈"……

　　小星是一家电动车专卖店的销售员。一天，店里来了一位客户，说："我经常在电视上看到你们的广告，你们的电动车有电视里说得那么好吗？"

　　小星没有着急向这位客户解释店内电动车的优势，而是微笑着说："听您这么一说，我就知道您肯定对我们的产品比较关注，我们的产品有哪些优势，相信您也做了一些了解。今天，我作为销售人员，就不和您多说了。"

　　小星停顿了一下，接着说："其实产品好不好不是销售人员说了算的，得看消费者的评价和反馈。前些天，一位大爷到我们店里购买电动车，说他在马路上看到骑电动车的 10 个中至少有 8 个是我们品牌，所以特地来我们店里了解情况。大爷从来没有骑过电动车，这次买车是为了接小孙子上下学，唯一的要求就是安全。我花了半天时间才教会大爷骑电动车，然后他心满意足地开走一辆。昨天他还特意骑着电动车带着孙子来店里，说我们的电动车既安全又耐用。"

　　听了小星的话，这位客户没有犹豫，当场就买了一辆电动车。

　　小星之所以销售成功，是因为他没有直接讲自己的产品有哪些优势和特点，而是讲了其他客户的故事，巧妙地利用客户的故事说了自己想说的话。

这在心理学中被称为从众效应，指的是一个人的观点、行为会受其他人影响，朝着与大多数人一致的方向变化。我们也可以用这种心理来说服别人，通过巧妙地利用其他客户或权威专家的故事，轻松赢得客户的信任。

这种通过讲其他客户的故事来暗示客户的销售技巧，也是销售人员应该具备的技能。

那么，我们应该如何利用他人的故事达到成交的目的呢？

1. 讲故事时用积极的语言

我们要用积极的语言给客户讲一个充满正能量的故事。比如，"某位客户使用我们产品后，感到非常满意""客户说我们的电动车很好用，既实用又安全"……积极的语言可以给客户正面的心理暗示，让他们产生购买冲动。

2. 可以讲一些反面例子

如果客户的态度不坚决，销售人员也可以讲一些反面例子，给客户造成一定的压力。比如，"某位客户没有购买我们的产品，没多久就后悔了，结果又来购买""某位客户犹豫不决，说过段时间再过来，但他再来买的时候，我们的产品涨价了，优惠活动结束了"……

利用这样的反面例子可以巧妙地暗示客户：我们的产品很好、很抢手，如果不及时购买就可能错失机会。如此便可刺激客户尽早下定决心购买。

3. 利用专家的话说服客户

很多客户都认为专家的话是正确的。讲故事的时候，销售人员若能增加一些权威的点评，或是提到其他客户是某专家，就可以让客户本能地产生一种信任感。

比如，销售人员提到"你们经理也买我们的产品""某某明星也是我们的客户"等，客户就会想："经理/明星都买这款产品，看来这产品不错，我也买吧。"

总之，利用其他客户的故事进行心理暗示，对于说服客户有很大的积极作用。不过，销售人员还应注意，所讲的故事应该是真实的，尤其是在产品质量方面，不能胡编乱造、夸大其词，否则会有负面效果，遭到客户质疑。

第七章　搞定

击中客户的弱点，等他主动下订单

☑ 有一种销售兵法，叫欲擒故纵

☑ 为销售造势，快速达成交易

☑ 刺激痛点，为成交铺路

☑ 优惠策略，让客户难以拒绝

☑ 巧妙"登门槛"，步步皆可赢

☑ 将客户的隐性需求变成购买欲望

☑ 有些订单，靠的是软磨硬泡

☑ 技术性报价，将产品利益最大化

有一种销售兵法，叫欲擒故纵

兵法中有一招叫欲擒故纵，非常有意思。欲擒故纵的意思是，为了要捉住他，故意先放开他，使他放松戒备，泛指为了更好地控制，故意先放松一步。我们总是强调要抓住客户的心，但客户不是没有思想的机器人，他们有自己的考量，也会运用各种技巧占据优势。

我们步步紧逼，客户却步步后退，我们能明显感觉到他们的购买欲望在减少。此时，我们一定要冷静，给客户留下一些时间和空间，并反思自己的行为。为什么我们这么努力地介绍产品，客户反而轻描淡写；为什么我们要求尽快签合同，客户却说别着急，因为客户看出了我们的对成交的渴望。

其实，双方都没有错。因为做生意，双方的力量就是此消彼长，销售和客户都希望按照自己的意愿满足自己的利益。但从最开始，客户是占据主动位置的，就是这种主动导致销售人员陷入被动和急迫。

如何改变这种局面？其实也很简单，就是运用战术——欲擒故纵，以退为进，让自己变得淡定和自信。虽然看似放缓了销售节奏，但只要对方露出急切的样子，我们就能化被动为主动。

　　小倩是一名资深销售员，她供职的公司主营布料，主要客户是各大服装厂和设计公司。一次，公司引进一套设备，同时花重金聘请国际设计大师，准备生产一批新产品。公司特意参加了国内最大的行业展会，希望能一炮打响。

　　小倩在展会上遇到不少熟人，包括一些公司的老客户。于是，她借机向老客户孙经理展示公司生产的新布料，并介绍其优势，希望能打动孙经理。可是不管她怎么介绍，孙经理都没有表态。

　　看着孙经理不急不慢的样子，小倩沉不住气了，说："孙经理，咱们合作很多年了，这款新产品真的非常好，不然我不会向您推荐。您是对哪方面有顾虑呢？我刚才已经说了，这是公司的重磅产品，质量是万无一失的。"

　　孙经理倒也实在，说："你们进了一套新设备的事情我是知道的，但是这款产品是刚研发出来的，还没有经过市场检验，所以我们还得了解一下，再说合同的事。"

听孙经理这么说，小倩就把自己公司做的市场调研报告拿出来，她相信这些数据足以打消孙经理的疑虑。可惜的是，孙经理认真看完资料，依然没有动心。

虽然小倩心里挺着急的，但是她没有停止思考。新产品的质量和价格都有优势，为什么对方还是不表态？原因只有一个，她的态度过于主动了，影响到客户的判断。所以必须改变策略，欲擒故纵。

想到这里，小倩一边收回资料一边说："感谢孙经理听我介绍新产品，既然您对我们的新产品没有什么兴趣，那就不浪费您的时间了，咱们有机会再合作。那边还有几个客户在等我介绍，我先过去一下。"

在转身离去的瞬间，她察觉到孙经理的诧异，果然对方不是无心购买，只是想在价格上再优惠一下。但是她没有停下自己的脚步，而是带着资料跟其他几位客户谈笑风生，甚至故意大声聊到合同的具体信息。

孙经理并没有离去，一直站在她的身后。当她不经意地回头时，看到孙经理，意外地问："孙经理，您还有事吗？"

"小倩，你再跟我说说你们的新产品，别急着走，什么事儿都有先来后到啊。咱们把细节谈清楚，再签合同也不迟。"

"刚才我已经跟您介绍产品的信息了，您如果想再了解其他情况，可以打电话给客服人员。实在抱歉，孙经理，那个客户催我去谈谈。"

"你先别走，把合同拿给我看看，我跟公司汇报一下，把协议先签了。我们作为老朋友，得支持一下你的工作。"

这单生意的反转是不是很有意思？真正有意向的客户即使对产品有强烈的兴趣，但如果对方一味地推销，他们反而会故意做出没有意愿的样子。所以适当控制自己的热情，让客户主动追问，才能做到双赢。

假装放弃客户转向其他目标是对客户的一种无形的冷落，所以客户会快速反应。除了这个技巧，我们还能通过以下几点，让客户露出真心。

1. 饥饿销售，定量供应

许多大牌产品会推出限量款，其实限量款不见得有多么好，但因数量固定，卖光就没有了，所以显得与众不同。这种销售方法特别有诱惑力，限量版的衣服、鞋子、口红等都会遭到抢购。这也是对战术欲擒故纵的灵活运用，大家可以在这方面下功夫。

2. 灵活发放体验装

当我们进行产品宣传时，不一定只靠宣传彩页或者其他资料，实物更有说服力。这时候，产品体验装也就是我们所说的"小样"的重要性就突显出来了。产品正式上市之前，通过发布会、促销等方式发放小样，也会勾起客户的购买兴趣。

3. 预付定金的销售模式

网络电商经常会举行打折活动。近几年，商家都参与到预付定金的活动中。商品琳琅满目，如何确保客户不会跑掉呢？如果客户预付定金，商家让利优惠，就能保证客户的购买率。

我们既要快速成交，又不能步步紧逼，这样会起反作用。欲擒故纵不是套路，而是技能。细心观察客户，灵活运用战术，就能看到客户心急下单的画面。

为销售造势，快速达成交易

现在，许多活动宣传时都会造势，制造大场面，邀请知名嘉宾，再加上数目庞大的观众，营造一种浩大的声势，再通过各种媒体大肆宣传，很快就能看到效果。其实，在这种场合里，大家本来犹豫是否要购买，但在身边人的情绪与行为的双重影响下，他们会感到紧张，生怕自己买不到。在这种心理暗示下，成交率会大大增加。

我们销售能不能也用这种方式呢？用造势的方法，在客户犹豫不决的时候，用心理战术推一把，快速达成交易。

对很多人来说，买房、租房都是大事。所以，大部分人都不会爽快地做决定。客户三思而后行固然没错，但对于一些特别谨慎的客户，销售人员还是需要有一些方法。

　　小浩是某房地产公司的销售人员，主要负责沿街商铺的销售。

　　现在，小浩手头有个棘手的问题。客户孙先生多次考察、询价，能看出来已经有强烈的购买意愿，但迟迟不出手。每次小浩打电话做回访，他总是推三阻四，说自己暂时在外地出差，不能过去付钱，但请小浩一定帮他留着那个商铺。小浩只能客气地答应着，实际上心急如焚。

　　一次偶然的机会，小浩听到同事在打电话，跟他遇到的问题如出一辙。小浩便停下脚步听同事是怎么解决这一棘手的问题的。

　　"您好，陈总，我是小柳，您现在有时间吗？"

　　"是这样的，您之前看好的房子，按您的要求，我一直给您留着呢。但是现在有个新情况，我这边突然来了个客户，也看上了那个商铺……"

　　"我知道您说在那开餐厅，因为地段和面积都合适。这个客户也是做餐饮的，加盟了一个品牌，现在就差找地方了。我看他挺着急的，所以赶紧告诉您一下，毕竟是您先看上的，就差手续了。"

　　"对对，没错，您已经口头和我预订了，但没有履行任何书面手续，按照我们的规定，如果您现在还不能签订协议，我们只能介绍给其他客户。"

"我知道您很喜欢这间商铺，但那位客户也看上了这间商铺。我们按照先到先得的原则，赶快签协议吧，否则……"

通话到此为止，同事放下电话的时候看起来很高兴。小浩凑上去问："成了吗？"同事回答道："当然，他一会儿就过来付款签协议。这客户老是说考虑考虑，明明就是看好了，还非得再看看。我必须让他看到这套房子有多抢手，不然他还是下不了决心。"

不一会儿，小浩就看见那位客户匆匆忙忙地赶来，同事拿出早就拟好的合同，双方快速地签完了协议。

这件事对小浩的启发非常大。

为什么客户不愿意购买？因为他们不能确定自己的判断是不是对的，花那么多钱买房子，总要确定其具备的价值和升值的潜力。这期间，他需要时间和空间来冷静思考。

为什么客户会下决心完成交易？因为销售人员为客户带来压力和紧迫感，但也给客户带来一种信心，促使他们下决心完成交易。

假如你是一名销售，客户来就来，看便看，喜欢便签合同，不喜欢就由他观望。那么，客户有可能在观望的过程中产生自我怀疑，放弃购买。

学会造势并不是件坏事，对于销售和客户来说，都有益处。我们要学会造势，让客户快速下决定。

1. 封闭式优惠诱惑

什么叫封闭式优惠诱惑？就是通过限制优惠时间、金额或者数量，给客户造成紧迫感。"明天我们的活动就截止了，届时将恢复原价""这款属于限量版，卖完就不再生产了"……给客户带来诱惑和压力。

2. 学会借客户的东风

销售人员要学会利用客户案例，不管是正面案例还是反面案例，用旁敲侧击的方式，含蓄地提醒客户珍惜时机，早点做决定。有竞争者出现的时候，人们就会感受到压力。同样一款窗帘，第一个客户看上了却犹豫不定，若有第二个客户欣赏并流露出购买意愿，第一个客户就会毫不犹豫地买走。

3. 销售人员要有"底线"

我们明白，销售人员和客户的主要分歧在于价格，所以在说服过程中，我们要有底线价格。面对挑剔或者犹豫的客户，最后的报价要既清楚又坚定，不要在价格上给客户留太多思考空间。

有人认为，这种销售方式像一种表演，会让自己感觉不舒服。其实仔细想来，我们只不过是把会遇到的情况提前通知客户，营造一种紧张氛围，促使客户尽快做决定。当然，戏不能过火，也不能失控，要让客户感到物有所值，这场交易便成功了。

刺激痛点，为成交铺路

成功的销售告诉我们，机会无处不在，就看我们有没有发现机会的眼睛。有些客户很好被说服，他们容易被引导，也具备快刀斩乱麻的决心。跟这样的客户打交道，没有什么难度。还有一种客户，他们属于谨慎思考型的，具体表现出来就是有一点"磨叽"，即便有需求，也会一放再放，并不着急。

犹豫不决的客户总是需要更多时间考虑问题，不管是工作上的问题，还是家里的矛盾，他们都要思考很久。面对这样的客户，我们是不是无能为力呢？听到他们拒绝的话语，究竟该怎么办？是转头就走，还是再次劝说？如果劝说，该从哪里下手，才能让他们主动要求谈交易呢？

要解决以上问题，就要认真揣摩客户心理。他们究竟是什么原因而不能下决心购买？如何帮他们克服心理障碍，促使他们尽早做决定呢？分析几个来回你就会发现，客户之所以出现以上问题，是因为他们没有意识到问题的重要性和紧迫性。我们可以从这点入手，放大客户的痛点。通过直接描述可能出现的后果，让客户明白自己的犹豫有可能会造成更大的损失。一旦客户意识到这一点，你不用继续说服他们都会有下文，生意就好谈多了。

    陈经理是公司的大忙人，也是许多销售人员眼中的大红人。他每天都会接到很多电话，也会有很多人求见，但他是出了名的难说服，不管是电话还是见面，都会被他一句话给挡回来："给我点时间，我再考虑下。"

    小青不止一次地在陈经理这碰钉子。她是人才网站的销售，工作是促使客户交一定的费用，帮助他们线上或者线下招聘人才。她给陈经理打过几次电话，也曾上门沟通，希望能做成这单生意。

    但是陈经理擅长"打太极"，总是说"考虑下"，也不给具体时间。她不知道该怎么办，就向同事求教。同事是个经验丰富的销售，听完小青的描述就教给她一招，并很有信心地告诉她这次肯定能成。

    第二天，小青登门拜访陈经理。她很自然地问："陈经理，最近咱们有需要招聘的岗位吗？"陈经理点了点头，说："有倒是有，但是不着急。仓库的一个员工刚离职，现在暂时由其他人顶替，我们自己慢慢招就可以。除此之外，还有个保安，我们也已贴了广告。"

小青听后马上说："不如您把这专业的事情交给专业的我们来做。我们的价格非常合理，服务也比较全面。除了线上招聘，我们还会举办很多线下活动，肯定可以帮您招到合适的人。"

小青说得特别真诚，陈经理却说："我们还不着急，这两个岗位老板也没有过问。我之前花钱买了一个网站会员，并没有什么效果，我先看看有没有其他渠道。"

如果是以前的小青，听到这话肯定会立马起身告辞。但这一次，她特别镇定地继续说："陈经理，仓储保管和保安虽然不算特别重要的职位，但是您公司的定岗人数肯定是有原因的。现在缺人还没影响到正常管理，老板自然不着急。但是如果有一天，库存出现错误或者人手不够影响了生产，或者因为保安不到位而影响了公司安全，老板肯定会第一时间找您了解情况，到时候也会对您不利。再说，您的工作本来就够忙了，招聘这种事浪费时间和精力，交给我们做更有效率。"

陈经理听完陷入沉思，不一会儿就表态："既然你这么有信心能帮我们招到合适的人，那我们今天就把协议签了，先签一个短期的。如果能帮我们尽快找到合适的库管和保安，咱们再签长期协议。"

这个案例中，小青就是戳到了陈经理的"痛点"，成功说服了他。即便是保安这样的职位，如果产生问题，陈经理也会被追究责任。小青帮助客户分析问题，并指出他可能面临的后果——影响老板对他的评价，甚至影响他的事业发展。

有谁听到"痛点"分析不害怕呢？在害怕的同时，他们自然会向销售者寻求帮助。

销售人员要想刺激客户"痛点"从而达成交易，就要做到以下两点。

1. 心平气和，不被拒绝所伤

想要利用客户的"痛点"，首先要确定自己还保持战斗力。客户会通过直接拒绝或者婉言拒绝的方式对待销售，但能够走到刺激痛点这一步的销售，都有一颗平常心，不会被拒绝所伤。

2. 分析切身利益，抓住核心

如果要用这一招，就必须直击核心，用简单的话语分析客户可能面临的问题，让他们从切身利益中看到问题的重要性和紧迫性。

客户的问题就是我们的机会。或许他们没有重视自己的需求，也没有意识到拖延购买带来的损失。所以，我们要记住并灵活运用这一招，让客户爽快下单。

优惠策略，让客户难以拒绝

"占便宜"不算是褒义词，但人们在日常消费过程中，通常都希望以低于定价的价格买到商品。超市里每年都有几次人满为患的时刻，那就是限时打折的时候。至于商品是不是真的便宜了很多，并不是重点。

成功的销售一定会想办法让客户占点便宜。他们深知这样做能让客户接受自己推销的产品。大家路过一家"清仓"的店时，都有停下来进去看看的冲动。因为有了"清仓"这个噱头，大家不一定会去求证是否真的物美价廉，更在意现在购买所能享受到的优惠。

销售人员不喜欢客户讲价，而客户偏偏不喜欢原价购买。"你说200就200，我心里不舒服啊。"如果没有优惠，客户也就看不到任何占便宜的可能。知道了客户的心理，才能懂得优惠的魅力。

　　每个客户都希望花最少的钱买到最好的东西，销售人员则希望高价卖出，获得利润或者提成。这个矛盾不解决，很难达到合作与成交。客户喜欢讨价还价，时而带着一丝"威胁"："你不便宜我就走了，去别家看看""你给我便宜，我还带着朋友来，给你带带人，不然的话……"其实客户都很可爱，也特别容易满足，不管便宜得多点还是少点，都能让他们爽快地交易。

　　在这场与客户的"对峙"中，销售人员要先让步。当客户提出要求时，其实是销售的最好时机。我们要学会利用客户想要优惠的心理，设定商品的促销条件，或调整价格，或捆绑销售，让自己的产品成为爆款。

　　开女装店的小欧是个聪明人。开店不久，她就成为整条街上最会卖衣服的老板。很多人不知道她用的是什么秘诀，平常也没有见她发打折的传单或清库存的广告，怎么大家都愿意去她那里买呢？

　　还是看看小欧日常的销售生活吧。成功的人总是有自己的小法宝，这一点毫无疑问。每天开门之后，小欧都忙碌地收拾店里的卫生，摆摆店里的衣服造型，顺便整理一下价格牌。即便来了客户，她也是热情地问好之后，就让客户自己看看。她边忙边说："店里衣服有点多，都是新款，价格我都标好了，你看中了就告诉我，我看看是不是打折款。"

　　小欧的眼光不错，店里的衣服很吸引人。客户很快就找到自己喜欢的一款，再看价格牌居然是空白，客户转过身去问："老板，这件衣服多少钱，没有标价啊？"小欧只看了一眼就说："原价150，打完折120。"客人看了看衣服，比画了一下又放回去了。"喜欢就试试，不买也没关系的。"小欧真诚地说。

　　等到客户从试衣间出来，小欧就进入认真夸奖的模式："天呐！这裙子太适合你了，很显气质的，刚刚怎么没发现你身材这么好呢！"客户陶醉其中，对这件裙子的质地和款式都很喜欢，正准备付款时，小欧接着说："这条裙子要是配上我店里的一款经典皮鞋，就更适合您的气质了。"说完，小欧将鞋子拿给客户试穿。客户有些犹豫，小欧说："买不买没关系，就试一试。"

　　客户穿上鞋子，走到试衣镜前，发现这双皮鞋的风格、颜色跟裙子实在是太配了。客户满意地看着镜子里的自己，但脸上很快又露出为难的表情。小欧看出了客户的担心——价格过高。小欧指着价格标牌说："这双鞋平时的售价是560元，难得您喜欢，今天直接给您打8折。"这个价格远远低于客户的心理价位，于是，客户决定买下这双鞋。

　　当客户结完账准备离开时，小欧又给客户赠送了两双高档丝袜。客户真正感受到一次超值的购物体验，离店时连声道谢。后来，客户还多次领着同事、好友来光顾小欧的服装店。

本来客户只想买条裙子，但在小欧的引导和打折诱惑下又买了双鞋。

我们通过这个故事受到启发，重视客户喜欢物美价廉的心理，善用心理战促使成交。这需要我们注意哪些事项呢？

1. 出其不意送优惠

客户希望享受优惠是人之常情，一旦遇到觉得可以"占便宜"的东西，即便家里有囤货或暂时用不上，也会蜂拥而至，避免自己错过。因此，销售人员要经常搞优惠活动，刺激客户消费，可以换不同的方式给客户出其不意的惊喜。

2. 以"蝇头小利"换来真正的交易

如果你在购买商品时，商家免费送给你一个小礼品，你会不会非常开心？客户大多对试用品、优惠券还有小礼物等没有抵抗力。利用小礼品吸引客户，同时在商品价格上做文章，就能增加销量。

"走过路过不要错过"，听惯了大喇叭的路人已经产生了免疫力，不再对这样的广告感兴趣。如果能在小礼品上做文章，把客户吸引到店里，再展开下一步产品推销，就能看见销量在招手。

　　总而言之，价格优惠是吸引客户的有效方法。利用客户"占便宜"的心理，适当让出利润，满足客户的需求，是我们维护客户、提高销量的好方法。

巧妙"登门槛"，步步皆可赢

生活中，很多人都喜欢定目标，有人计划一年要看几十本书，还有人计划要存很多钱。但这些目标很大，没有多少人能够完成。但如果给自己降低"门槛"，把大目标分成几个小目标，比如，一天只看几页书，一个月只存几千元钱，就容易达到目标了。

销售人员也是在做同样的事情。从小物件到大商品，从几元钱的到上千元的，都是一道道门槛累积的结果。这要用心理学上的门槛效应来解释。通俗地讲，当一个人接受他人最初提出的小要求后，那么对方再提出加点难度的问题时，他也更容易接受。

销售人员可以利用这个心理学知识，向客户提出一个又一个购买要求，直到完成最终目标。客户就是登门槛的人，在销售人员的引导下，从平地到矮矮的门槛，再到高一点甚至更高一点的门槛，不知不觉就成了消费达人。

一位客户只是路过，并没有打算买东西。销售人员请他进门看一看，假如他答应了，他就已经在登门槛了。进门后，在销售人员的引导下，他买下一个微小便宜的东西。每答应一个要求，他都在朝着销售人员的目标前进。

相反，如果销售人员一开口就给客户推荐很贵的物品或服务，那么客户一定会被吓跑。所以，我们要学着用"台阶销售"的办法，分解自己的销售目标，给自己和客户减压。

很少有人相信，一个给妻子买卫生巾的客户，会因销售人员的引导和推荐，最终买下一艘大船。这么传奇的故事是怎么发生的呢？

吉姆带着太太出去度假，他们本来准备玩很多运动项目，想好好放松几天。不巧的是，太太来例假了却没有带卫生巾，只能由吉姆去周边商场购买。

吉姆来到附近一个商场，一个男性导购迎了上来，问："先生您好，请问需要点什么？"吉姆不好意思地说："请问，卫生巾放在什么地方？我帮太太买一些。"听到这里，导购带领吉姆来到卫生用品区，并帮他找到吉姆太太经常用的品牌。

正当吉姆准备离去的时候，这位导购略带遗憾地说："这么好的天气，待在家里真是可惜。"吉姆表示赞同地回道："说的没错，本来我们准备出去冲浪，这下太太有情况，我也不能把她丢在酒店里不管。"导购说："那是自然，不过既然玩不了激烈的项目，不如玩点轻松的项目，比如您钓鱼，太太在旁边休息，也很有意思。"

吉姆想了想，认为导购说得有道理：好不容易出来玩一趟，出去钓鱼也比闷在酒店强。于是，他跟导购说："我自己带了鱼竿，但是没有鱼饵，你这里有没有？"导购带着他选购了一些鱼饵，随后问道："海边的鱼都比较大，不知道您的鱼钩是什么型号的，最好配齐全，才能钓大鱼。"

选好鱼饵和鱼钩，导购又问吉姆的渔线够不够长，大海比较深，建议他选择一款长长的渔线。吉姆又一次听从销售的建议，选购了渔线。

最后，导购问吉姆："先生，您想好去哪里钓鱼了吗？"吉姆随意地回答："随便找个海边就行了。"导购接着说："可是先生，我听说去海上钓鱼要比在海边钓鱼有趣得多，如果您能买一艘小船，那您跟妻子的假期就可以在浪漫的海上度过，想想都开心。"

就这样，本来打算买卫生巾的吉姆，买了一艘船回去。

这个故事虽然听起来梦幻，但是熟练运用登门槛效应的销售人员，真的能做到。销售人员先向客户推销小的产品，然后循序渐进地引导对方，就可以轻松地向客户推销更大、更多的产品。

通过这个故事，我们再次画重点：一开始就对他人提很高的要求，大部分人会因为觉得有难度而毫不犹豫地拒绝。但如果对方提出的是一个很小的要求，大部分人就会轻松接受。在这个基础上，再提出难一点的要求，被拒绝的可能性就会小一些。很多销售大单都是靠小单积累起来的，请记住以下两点。

1. 最初的建议要贴合客户需求

虽然我们都向往大单，但不积跬步无以至千里，最先给客户介绍的产品，一定要真正贴合客户需求。男客户进门，你想卖给他一套西装，那么是推荐他给自己买一双舒适的袜子，还是买一对华丽的纽扣？这个一定要推荐实用的。

2. 适可而止，别让客户反感

那种买下一艘船的客户肯定不常见，所以我们在推销的时候一定要注意适可而止。推荐太多太贵的产品会给客户带来压力，甚至会让客户认为自己掉进了"坑"里。所以，推销要适可而止。

门槛效应对销售人员来说启发性很强，虽然不太容易驾驭，但我们最不怕的就是失败，所以多尝试几次就好。

将客户的隐性需求变成购买欲望

我们常说，知人知面不知心。人心到底有多难懂，做销售的人深有感触。倒不是说客户对销售人员的态度不好，而是销售人员搞不懂客户究竟有没有需求。那些嘴上说着"不喜欢"的人，最后竟然爽快买单；那些表示"产品不错"的客户，却在几次沟通后默默离开。有人开玩笑说，不懂读心术就不要做销售。可见要想卖出去产品，就要读懂客户的内心活动，了解对方的需求。

有些客户"口是心非"，他们的内心与行为并不能画等号；还有一些客户"后知后觉"，他们也没意识到自己真实的需求。所以，我们把客户的购买需求分为两种：显性需求与隐性需求，也可以叫直接需求与间接需求。显性需求，不需要销售人员猜来猜去，只需要跟客户问答沟通，三言两语就能搞定。相比之下，隐性需求就比较难搞定。它是潜在的，只有通过挖掘与激发，才能够变成显性需求。

　　真正的销售高手擅长挖掘人们的隐性需求，让客户切实看到自己的潜在需求，由此产生的消费必然是水到渠成。这种销售看起来太费力气，既要观察又要推理，还要分析判断，用哲学语言来概括就是"透过现象看本质"。浪费这么多的时间和精力仅仅是为了发掘客户的隐性需求，有必要吗？

　　答案是确定的。有人把客户的隐性需求比喻成一座金矿，表面上看是一座荒山，实际上掩藏了一大堆金子。不会观察和启发的销售人员，也许觉得只是一座荒山就离开了。销售高手第一眼看到的虽然也是荒山，但他会观察，甚至会拿起工具查明真实情况。所以，找准客户的隐性需求很重要，就算量体裁衣，临时制订产品销售策略也来得及。

　　　　小美遛狗时，遇到了邻居大姐。大姐问小美："你什么时候养的狗呀，好可爱，你带着狗去干什么呢？"小美回答道："我要去买个狗窝，家里没有狗狗用的东西，什么都得现买。"大姐听了一拍手，说："你别去买了，去我家挑吧。狗窝、狗粮、狗玩具，什么都有。你看着给钱就行，反正放在家里也没有用。"小美一听很高兴，就跟大姐去了她家。

　　　　大姐家的确有很多宠物狗用的东西，小美几乎全都打包带走了。大姐特别开心，就宠物用品聊得不亦乐乎。听小美说她是第一次养狗，大姐好奇地问："你怎么突然想起养狗来了？养狗挺麻烦的，我以前也养过一阵子，又得喂养，又要给它洗澡，带它遛弯儿，跟养个孩子没差别。"小美有点无奈地说："我也觉得挺麻烦，但是我家冷冷清清的，我平时工作忙，交际圈子也小，晚上又经常加班，根本没有时间谈恋爱，不知道什么时候才能成家。买只狗狗陪着，也给自己打发时间。"

听了小美的话，大姐哈哈大笑道："早知道你的情况，还买什么狗呀，直接找我，我都给你解决了！"小美不知道大姐是什么意思。随后，大姐自我介绍说她是一家婚介公司的员工，从业多年，已帮助不少人解决了单身问题。

热情的大姐详细介绍了自己公司的婚介服务，小美果然心动了。最后，她把宠物用品都买了下来，还转给大姐一笔会员费，让她帮着留意有没有合适的单身男青年。

这位大姐是真正的销售高手。小美本来是要买宠物用品，大姐却让她成了婚介公司的会员。看似风马牛不相及的产品需求，却被大姐搞定了。在这个案例里，我们看到小美的显性需求是买宠物用品，但通过大姐的挖掘，她的隐性需求也被挖了出来。这是一箭双雕的生意。

大家经常玩各种手机软件，有没有注意到其中的奥秘？不管是外卖、交友还是拍照软件，都在不断地完善自己的产品。聊天软件可以用语音或视频聊天，甚至可以多人聊天，这是在满足大家的显性需求。还有一些看似不常用的小功能，比如"扫一扫""摇一摇""看一看""搜一搜"等，十分人性化。这些是客户的隐性需求。通过这种不断挖掘和满足的方式，能让客户感受到手机软件的便捷。

在销售过程中，努力挖掘客户的隐性需求，就要重视客户的个性化需求。通过逐步引导和刺激，让客户也意识到自己的隐性需求，从而配合销售行为。

1. 提高预见性，事先占领市场

凡事预则立，不预则废。成功的公司一般能从多变、多元的市场中窥探到许多信息，比如，战争、疫情、自然灾害等因素导致原材料紧缺或产品滞销，消费者使用习惯的改变导致对产品的需求发生变化，人们对物质的追求慢慢转为更高层次的精神追求……许多公司会将搜集到的信息进行整理，并结合公司的发展规划制订预期目标，快速生产新的产品或提供新的服务，抢占先机，从而获取丰厚利润。

某品牌汽车行业有个著名的销售故事。当时某地区政局不稳，大家的关注点都在即将爆发的战争上。只有该品牌汽车开始悄悄研发一款省油节能的汽车，并把它们投放到市场。大家认为这大错特错，因为当时人们并不喜欢轻便省油的车型。后来，该地区发生战争，导致油价上涨。节能车受到人们的欢迎，该品牌汽车一时成为紧俏货。

客户的隐性需求不在此时就在彼时，高明的销售人员应具有超前思维，提前计划销售。

2. 避免把显性需求变成隐性需求

隐性需求与显性需求是在不知不觉中转化的。我们在努力挖掘隐性需求的同时，也不能忽略显性需求，否则将本末倒置，导致前面的工作白做了。当客户对某项服务不太满意时，不要置之不理，而是要努力为客户解决问题，将危机转化为商机。

金子是有限的，我们需要发挥智慧和能力，发现藏在地下的金子，这是我们努力的方向。

有些订单，靠的是软磨硬泡

只要功夫深，铁杵磨成针。对于大部分人来说，都要经过磨炼才能成功。销售行业具有自己的特点，大家通过各种方法让客户主动掏钱购买产品，这种要求本身就很困难。所以，没有轻松拿下的客户，只有被我们耐心与真诚磨出来的订单。

如今遍地是机会，到处都可以挖掘潜在客户，究竟该用什么态度对待，是我们应该重视的问题。市场竞争激烈，现实中鲜少发生客户对销售"一见钟情"的故事，大部分的沟通和谈判都是从销售人员碰钉子开始的。有的销售人员脸皮薄、要面子，只要客户拒绝他们，就自以为被客户针对，自尊心受打击。有人因此生气离开，放弃机会；还有人当场跟客户吵起来，争所谓的面子和骨气。

但是只要沉下心来想想销售工作的特殊性以及客户的反应，

就应该放下成见，做好长期作战的打算。因为很少有人能在第一通电话、第一次见面时就赢得客户的"芳心"，那些跟客户打成一片的销售，也是经过多次拜访才拥有的结果。我们只是被拒绝了几次，何必丧失信心、自怨自艾呢？

很多客户都是销售人员磨出来的，这不是危言耸听，而是真实的经验之谈。长期作战不是要无赖，也不是为了消耗彼此的时间和精力，而是在长期的沟通过程中，通过一言一行让对方感受到我们的诚意，并在此基础上，把没有希望的客户变成有合作意愿的客户。这需要我们做好各种准备，放下身段，调整心态，我们就离成功不远了。

小周的性格比较倔。他做销售靠的就是一颗倔强的心，从不怕吃客户的"闭门羹"。不管客户是什么性格，对他态度如何，他都不介意。只要认准客户有消费潜力，他就能够坚持地"磨"下去。

一天，小周带着资料拜见一家公司的女经理，女经理看似很温柔。他心里不禁暗喜："这个经理应该比较好沟通，看来这次有戏了。"结果是他想得太美好了，还没等他介绍完产品，女经理就下了逐客令："对不起，我们有一家长期供货的合作伙伴，已经维持了几年，暂时不需要你们的产品。我还有个会要开，请您先回去吧。"

　　小周虽然心里叫苦，但也只能强颜欢笑，礼貌地跟客户道别。可是他早就做过调研，如果能把这家公司拿下，他这一年的任务就完成了一半，因此绝对不能就此放弃。

　　隔了几天，小周又来到这家公司，还是跟那位女经理交涉。"你怎么又来了？上次我不是跟你说过了吗？我们有产品供应商，不需要你们家的产品，以后不用来了。"虽然感到尴尬，但小周努力做出愉快轻松的表情，对女经理说："经理，您先看看产品资料。"女经理并不领情地说："不用看了，我不会订购你们的产品。对不起，我要接个电话。"

　　回去的路上，小周心想："做销售真不容易！但被客户撵出来两次就要放弃吗？做销售不就是要坚韧、执着吗？这次虽然受了点委屈，但要是就此打住，那委屈岂不是白受了？"于是，他回去找朋友和同事了解更多这家公司的具体信息，也摸透了女经理的性格和行事作风。他甚至通过一个朋友提前做好工作，让那位女经理对他有个好印象。

　　终于，在第三次拜访的时候，小周在那位女经理的脸上看到了微笑。这次两个人能坐在一起谈产品、谈天气，对方还由衷地表扬了小周的毅力："我觉得我这脾气没人愿意来第二次，谁知你就是不放弃，我也是真的佩服你。大家都不容易，你的联系方式和产品信息我都留着了，一旦有需要，我肯定会联系你。"听到这话，小周不用对方赶，就主动告辞了。因为他知道自己已经把这位客户"磨"下来了。

热情、真诚加锲而不舍，是打动客户的三大法宝。开发客户的过程是艰难的，甚至是煎熬的。但是只要我们能设身处地为客户着想，就能理解他们的态度。建立在理解的基础上，就能用端正的态度对待客户的拒绝。

"磨"客户是情商高的表现。那些面对闭门羹就拂袖而去的人，会因一次拒绝而沉浸在不良情绪中，导致影响工作。会调节自己情绪的销售人员总是特别沉得住气，他们用平和的态度、真诚的话语以及持久的耐心向客户传达自己打"持久战"的决心。

"磨"客户还有一个好处，就是能在气场上反转。被客户拒之门外，会成为一些人的心结，甚至自我怀疑，处处被动。如果能巧妙地把客户"磨"到手，就有一种化被动为主动的感觉。如此一来，也能激发自身潜力，成为优秀的销售人员。

很多销售订单都离不开销售人员的软磨硬泡。

1. 锁定销售目标，学会客户分类

虽然我们强调了"磨"客户的重要性，但不是每个客户都值得我们这样做，毕竟客户的条件是不同的。要对客户进行客观的评估，把精力放在潜在的大客户身上，有层次地开发。

能够让我们得到订单的客户，自然会得到我们的青睐；容易

跟我们达成交易的客户，值得我们努力。因此，想要收获高业绩，就要学会合理分配时间，将注意力放在合适的人身上。

理想型客户：他们生意不错，思想开明，有钱，有购买欲望，并希望快速成交。这样的客户能让我们付出很少却回报很大，一定要尽早拿下。

一般客户：他们要么对产品没有兴趣，要么资金不够，两者占其一，就会犹豫。所以，销售人员要通过耐心讲解产品，或者引导关注力，给客户一定的时间，等待客户的购买需求与资金，成交指日可待。

需要放弃的客户：有一种客户不值得等待，他们对产品和销售本人都没有兴趣。对于这样的客户，不用再浪费过多的时间和精力，果断放弃是最好的选择。

2. 调整好心态，面对拒绝越挫越勇

每天都面对不同的拒绝，很考验销售人员的心态。想要"磨"客户，首先要打磨好自己。太有棱角的性格不适合做销售，只有让自己心态平和，正视拒绝，才能越挫越勇，为事业打下坚实的基础。

技术性报价，将产品利益最大化

为了促成交易，我们前面做了诸多准备工作，终于来到报价环节。虽然铺垫工作既烦琐又费心，但是成败仍旧未定，因为报价是至关重要的一步。报价虚高，客户会拒绝，选择其他产品；报价过低，又让人怀疑产品质量，就算没有质量问题，以后再想择机抬价也很困难。

所以，销售人员在报价方面一定要慎重，给出合理的价位，不给客户讨价还价的余地。这样对交易双方来说都省时省力，不至于因价格问题而产生拉锯战。

小张开了一家电子产品店，主要代理几个主流品牌。一天，店里来了一位客户，在几款大品牌的手机专柜面前看了几个来回，最终选了一部经典款手机。她问："你好，这部手机多少钱？"小张马上回答道："女士，您的眼光真好，这款手机是旗舰款，内存是 8G+256G，价格为 6299 元。"

客户听了吃惊地问："怎么这么贵？我看网上才 5000 多元，你这贵了 1000 元，是不是你们的价格有问题，虚高啊？"

小张并不生气，解释道："女士，这款手机是经典款，内存非常大，所以价格相对贵一些。我这里走的是全国定价，并没有自己加价，可能您之前看的手机内存有点小吧。"

听小张这么说，客户还是有些迟疑，说："你这是实体店，肯定会比网上的价格高一些，这个我理解。但是价钱也太高了，一部手机就贵 1000 元。你们应该学学网上，搞个活动什么的，不然这价格真的太高了。"

"女士，网上的商品什么价位都有，不知道您看到的那个价位是不是全新正品，我只能保证我这个价格是全国定价，并不存在您说的问题。网上可能会有一些活动，但价格差肯定没有您说的那么大。"小张耐心解释道。

听完小张的解释，客户还是有点怀疑，说："照你这么说，手机价格还是全国统一定价。要是这样的话，我就在你这里买吧，你给我个优惠，我就不去其他店里看了。"

小张用真诚的语气说："对不起女士，我们的产品都是全国定价，已经没有下降的空间了。实在不行，我再给您推荐一款样式差不多但价格便宜点儿的手机，但是您的眼光好，这一旗舰款手机我们卖得最好了。"

　　小张坚持不降价，客户见没有一点机会，只能作罢。最后，她还是买下了看中的那款手机。

　　整个过程中，客户都在就手机价格进行询问，并没有质疑手机质量。这说明她已经考察过了，来这里讲价只是碰碰机会。销售人员明确无误地告诉客户价格，能够让客户产生关于价值的联想，促进客户的购买行为。同时，还可以减少客户在价格上的纠结，免去许多不必要的争辩。

　　小张一开始就直接告诉客户确切的价格，强调这是全国统一售价，并且品质有保障。这让客户相信这部手机物有所值，价格也不会随意变动。因此，客户虽然觉得价格有些贵，但还是会就此产生信任感。

　　如今网络发达，客户想了解某一款产品时可以直接上网查询。如果销售人员定价虚高，客户马上就能明白是怎么回事。这样客户会讨价还价，销售人员也就处于被动地位，无形中也给自己带来诸多麻烦。

　　因此，合理报价，就要在定价的时候好好研究，科学的定价是坚持价格底线的底气。不管定价多少，销售过程中客户都不可能一锤定音。讨价还价是客户的自由，但我们要有坚持价格的信心。只要巧妙地运用沟通技巧，就能顺利完成销售。

1. 避免漫天要价，合理报价得人心

卖方希望高价卖，买方希望低价买，买卖双方存在价格矛盾。但是，只要能寻得一个合理的价位，双方都能欣然接受。销售人员切忌漫天要价，因为价格过高会打击客户的心理预期，导致客户连讨价还价的兴趣都没有。当然，报价也不是越低越好，因为价格太低，不仅压缩了自己的利润空间，还容易让客户烦心。

我们一定要记住，在报价时，可以给客户一点儿砍价空间。如果客户爽快答应，一次性报价成功，大家皆大欢喜。

2. 打造高质量产品，将优质服务提上日程

经济学告诉我们，产品价格是价值与使用价值的统一体，价值决定价格。所以，我们想要有利润，还是要在产品质量和服务上下功夫。

每个产品都承载着销售人员的希望。通过不断的学习和应用，我们把合适的产品卖给合适的人，完成产品和销售的使命，享受交易带来的乐趣与成就感。

第八章　维护

每一位客户，都是取之不尽的资源

☑ 发展新客户，更要维护老客户

☑ 即便有了"新人"，也别忘记"前人"

☑ 销售之道，最忌讳一锤子买卖

☑ 为品牌铺路，强化客户忠诚度

☑ 产品出现问题，给客户一个满意的处理结果

发展新客户，更要维护老客户

《诗经》中说，"投我以桃，报之以李。"这句话是什么意思呢？你送给我桃子，我会回报你李子，比喻友好来往的人际关系，礼尚往来的处事态度。销售人员的主要人际关系就是客户，所以要好好把握这个交往圈子，因为那会给我们带来意想不到的惊喜。不管是新客户还是老客户，只要跟我们合作过，就是我们的宝藏客户。

什么是宝藏客户呢？解释一下就是，每个客户都能给我们带来业绩提升。对新客户以诚相待，将他们顺利转化成老客户，就可以细细揣摩之后的好处了。首先，客户喜欢我们的产品和服务，就会继续订货，重复购买，提升销量；其次，客户是最好的代言人，如果购物体验良好，他们就会跟亲朋好友推荐。这种好口碑的影响力，是我们无形的财富。

有人肯定会好奇地问，一个客户只有几次购买力，怎么称得上"宝藏客户"呢？那就要普及一下"250定律"了。简单来说，平均每个客户都有将近250个熟悉的亲朋好友。如果能抓住一个客户，并通过客户免费宣传，或许这200多个人都会购买你的产品。如此一来，我们不费吹灰之力就得到了200多个潜在客户。虽说这些潜在客户的消费潜力有高有低，但能确定的是，他们就是我们的宝藏。

有些人对这种关系网半信半疑，并不相信其中的影响力。一项研究表明，很多企业都是通过客户介绍来扩大自己的业务对象。他们格外重视对老客户的售后服务，经常联络，维护关系，通过各种方式得到老客户的信任和好感。所以，即便不用明说，这些优质客户也会在合适的场合和时间替公司做宣传。这种宣传方式比重金做广告更有效果，成本低，成交率高，不浪费公司的人力、物力。所以老客户介绍新客户是宝藏客户的关键点。

　　小雨在一家大型保险公司任职。因为许多人都抗拒与保险销售人员沟通，所以他们每成交一单，都会对客户做好维护工作。小雨接受培训时就被告知：成交不是结束，而是真正互动的开始。就算客户没有任何问题，销售人员也要与客户保持联系，以便追踪回访。

　　他谈成第一个客户后，就有前辈手把手地教他如何跟客户交流，维护关系。公司推出新产品的时候，他会打电话询问客户是否有需要。即便客户拒绝了解新产品，他也不沮丧，而是巧妙地转移话题，告诉客户公司准备了一些礼品回馈老客户，第一时间通知他来挑选。虽然赠品都不贵，但客户还是会感受到温暖和真诚，这样客户也愿意跟他沟通。几次之后，小雨和部分客户还能成为朋友，这些客户朋友还为他介绍了不少新客户。

老客户介绍新客户来，不管生意最后成不成，小雨都会以实际行动感谢老客户。比如，邀请他们参加公司举办的答谢会，或者过节时送上一些水果。他特别聪明，从来不会在送出这些小恩小惠之后立马对客户提要求。这种维护客户关系的办法看似随意，效果却很好。客户喜欢这种朋友间没有功利心的交往，所以也愿意为他介绍新客户。

有一年，公司举办大型感恩年会，每个业务员都有一定的邀请名额。小雨邀请了几位客户，他们都欣然应邀。年会上有一个客户发表感言的环节。

小雨邀请的客户在舞台上激情四溢，分享的内容特别感人。台下一些没有买过产品的客户也在他的影响下纷纷向小雨咨询。他无形中帮小雨吸引了更多的客户。

后来，小雨给这个客户送了很多礼物，虽然小雨没说一句有关保险产品的事，但客户收到礼物后更用心地为他宣传。假如这个客户身后就站着 250 个客户，小雨的业绩会多么惊人？

销售人员深知客户的重要性，为了留住宝藏客户，会像小雨一样，运用各种方式拉近与客户的关系，争取客户的支持和宣传。有些客户不好意思提出奖励，我们该怎么办呢？运用敏锐的观察力，主动跟客户提出好处与利益，这种明确的鼓励方式能让工作变得更加轻松。

1. 赞美客户，适当示弱

当我们的产品和服务得到客户认可后，可以用赞美的方式，满足客户小小的虚荣心。你不妨顺便开口示弱，让客户为我们介绍更多的客户。比如，对客户说："今天跟您合作非常开心，我们的高端产品特别适合您这样的成功人士。相信您的同事朋友也都跟您一样成功，也许他们也需要我们的产品，到时候还麻烦您为我引荐一下。当然，如果对方不需要，我是不会轻易打扰的。我知道您这样的成功人士都很忙，我一定不会盲目打扰。"

客户都有虚荣心和同情心，销售人员主动开口求人，只要在他们的能力范围内，一般不会开口拒绝。

2. 及时反馈新客户的情况，让老客户了解进程

"非常感谢您的信任与推荐，您真是一位富有爱心的人，我

相信对方一定乐于接受您的关心。接下来，我将会把和您朋友接触的情况及时报告给您，祝您生活愉快！"当销售人员及时给老客户反馈，对方就会产生一种被尊重的感觉。这是我们需要重视的收尾工作。

谁都喜欢宝藏，谁都热爱朋友。珍惜每一个客户，把他们发展成自己的朋友，让客户成为你的最佳代言人。

即便有了"新人"，也别忘记"前人"

"人脉若不管理，会因时间而变质流失，但妥善管理后，便能产生牢固的交情。"这句话是"名片管理大师"杨舜仁的观点，重点强调了人脉管理的重要性。他手中的 16000 多张名片，都没有躺在柜子里睡大觉，而是变成了电脑里一套名片管理数据库。根据这个数据库，不管什么人来电话找他，只要给他一两个关键词，他就能调出对方的资料，叫出对方的名字。

为什么他要花这么大的力气把客户名片做成一个数据库？为了高效管理客户信息。当销售人员的从业时间越来越长，积攒的客户越来越多，信息多到记忆力不够用的时候，就必须想办法进行客户管理。管理客户，不仅是要对那些硬性数据上心，还要与客户本人进行关系维护。不管是新客户还是老客户，都要进行良性互动，学会主动联络并关心、关爱客户，让这种感情式的维系促进彼此的关系。

这样做有什么好处呢？维系客户真的有意义吗？答案是肯定的。如果每个客户都能被细心对待，我们收获的岂止是一时的生意，而是一辈子的交情。大家都知道老客户重复购买的好处：极大地降低销售成本，节省公司和销售人员的时间、精力。有人做过调查，向老客户推销新产品，成功率高达50%；向新客户做产品推销，成功率仅有15%。这个数据足以说明老客户的重要性。

销售人员的工作就是在对新老客户的关系管理中推进的。老客户是稳定的合作关系，不必花大力气就能说服他们。在此基础上，销售人员想要提高成交量，就要不断扩大客户群。

这样，销售人员就要两头兼顾，不能忽视任何一方。如果我们有100元钱的客户维护经费，至少要五五分：50元钱回馈老客户，另外50元钱用来打动新客户。我们都希望不断扩大销售市场和客户群，所以会不自觉地把重点放在开发新客户上，但是这种一味开发新客户的做法并不值得推广。我们想要做销售王者，就要学会均衡。

既然我们懂得老客户的重要性，就要想办法维护。我们通常分两部分操作：一是保持产品质量，二是主动建立良好的感情维系方式。第一点没有问题，让新客户变成老客户，最重要的就是产品质量，没有人会本末倒置，不会因为喜欢跟销售人员合作而不在乎产品质量。但由于产品质量通常由公司管控，所以第二点更具操作性。从感情上抓住客户的心，提升客户忠诚度，需要销售人员运用各种办法主动建立维系感情的方式。这就像我们交朋友，需要付出真心去联络和关心，打电话聊近况，送点小礼物话家常，在这个过程中与客户打下坚实的感情基础。

　　小强做了多年的养猪生意，是大家眼中的养猪大户。这些年，他虽有了大老板的气势，但依旧很朴实。不管是对上游供应商，还是对下游客户，他都特别讲义气，是出了名的好人。有的人跟他合作一次就能成为朋友。

　　逢年过节，他会发消息问候客户，也会自制礼袋送给大家。这样他与谁都保持着很好的合作关系。有一年下大雨，小强的猪圈里进了水，淹死了不少小猪，导致一下子损失了不少资金，一时周转不开。没等他开口，给他提供饲料的老板就拉来一车饲料，也没要钱就走了，让他以后有钱了再给，不着急。收生猪的老板听到这个情况，一下就把欠款都打了过来，并埋怨小强为什么不早说。

　　其他生意场上的朋友也都慷慨解囊，借给他资金周转，希望他能早点挽回损失。

　　经过这件事，小强更加意识到客户管理的重要性。他用心地记下每个客户的喜好和习惯，也用心帮助他们处理问题，有时还请他们聚餐以增加感情。一方有难八方支援，人活在世上，哪有不需要别人帮助的呢？牢固而温馨的客户关系，有时可以帮助我们渡过难关。

当我们意识到维护客户的重要性，自然要学会客户管理，那就从客户信息管理开始吧。

1. 做好信息记录，加深对客户的印象

客户信息不只是电话和姓名这么简单，如果我们做一个表格，会发现有很多信息需要我们整理，如性别、年龄、住址、单位、邮箱等。不要嫌麻烦，做好这些是了解客户的第一步。此外，跟客户交易的信息也是我们需要记录的内容：产品类型、价格、使用年限等。个人信息与交易信息综合记录，能够加深对客户的了解，为我们的回访提供依据，以建立长期的合作关系。

2. 按照不同标准分类管理

客户分类管理至关重要，方便自己快速查找客户信息。分类标准可按照自己的想法和需求进行，没有统一标准或者好坏之分。比如，可以按照区域、行业、产品，或者根据客户的来源方式进行分类。这要看自己的整理需求。

3. 记录关键信息，定期更新

客户的信息太多，在建立详细的数据库后，还不能算完成任务，仍需要我们定期更新客户信息。

客户管理工作比较复杂，需要细心和耐心。一旦我们做好这项工作，就能在不断搞定新客户的同时，维系与老客户的合作关系，这样就离我们的目标越来越近了。

销售之道，最忌讳一锤子买卖

销售人员的收入来自哪里？大部分人说是工资与提成，这的确是最明确的收入。但是一个优秀的销售人员，在显性收入的背后还有两种更加有前景和可期待的收入：一是销售经验的积累，二是与客户良好的合作关系。当我们把产品卖出去之后，别着急，这不是销售工作的结束，而是财富积累的开始。因为我们不是"一锤子买卖"，而是希望把每个客户都变成我们产品的忠实粉丝。做到这一点，销售人员才能把多种收入放入囊中。

与此相反，有些销售人员就喜欢做一锤子买卖。在他们的观念里，眼前的生意才是生意，到手的利益才是利益。所以，他们想尽办法把产品推销出去，只要客户掏钱，就觉得自己大功告成。这样的销售人员其实是被错误的观念误导了，做人做事既不讲诚信也不讲公平。在推销产品的过程中，不是坑蒙拐骗就是强买强卖，甚至以次充好、缺斤少两。

这样的销售人员能有什么未来呢？客户在他们这里得到差劲的产品，自然不会再来光顾。没有老客户，他们只能把精力全部放在新客户身上。当一个接一个的客户上当受骗之后，他们的一锤子买卖就做到头了。没有客户，没有销量，也没有工资与提成，更没有值得期盼的未来。

这样的销售人员难成大气候，无视客户感受，也没有长远的眼光和大格局。他们的所作所为，既违反了市场规则，也违背了做人原则，本着"赚一笔是一笔"的心态，亲手扼杀了自己发展的机会。

一个以客户为重的销售，总会想出各种办法留住客户的心，想办法做客户的下一单生意。所以，他们珍惜客户，不会做伤害客户的事情，他们走的是可持续发展的道路。

　　街头有两家水果摊，两家老板既是对手又是好友。两个人是同样的货源，水果的价格也差不多。但是一年之后，老板甲已租了一个门店，开了一个水果店，老板乙收摊另谋生路去了。

　　之所以出现这种情况，是因为两个老板的销售风格不同。

　　老板甲做生意讲究原则，热情友好，而且从不缺斤少两。尽管很多人跟他说过"行业内幕"，但他没有听从这些所谓的建议，反而把自己的秤校准，从不缺斤少两。客户不管是买2斤还是10斤，他都要足斤足两，不占一点儿便宜。有时，他还会多给客户一点儿别的水果尝一尝，如果吃得好，欢迎下次购买。

从没有客户因为缺斤少两而找他，再挑剔的客户也会发现老板甲从来没有在这方面做过手脚。

在水果质量方面，他也不会以次充好。

慢慢地，老板甲收获了一大批忠实的老客户。要知道水果是消耗品，每个家庭都会定期采购水果。就这样，老板甲的水果摊生意越来越好。

老板乙是怎么回事呢？老板甲不屑做的小手脚，他全都学会并且用上了。用不准的秤卖以次充好的水果，多收钱又假装不知道，客户多尝一个枣儿他都要说半天……当客户拿着缺斤少两的水果来找他时，他比人家还要理直气壮："谁家的称能那么准，看你穿得还挺阔气的，就这几角几分的事儿还计较，真是没劲！"就这样三天两头跟客户吵架。可以想见，老板乙的水果摊生意黄了是意料之中的事。

说得难听一点，老板乙就是个奸商，他没有把客户放在心上，所做的买卖全是一次性的，慢慢地也就没有人愿意在他这里买东西了。

要想拥有持续发展的销售之路，就要重视客户感受，摒弃"一锤子买卖"。

1. 诚信销售，以心换心

销售人员经常思考如何打动客户，是用优惠券还是小礼品？其实，想要打动客户，诚信最有效。所以，我们与其对客户百依百顺，或者对产品遮遮掩掩，不如以心换心，让客户在温馨和诚信的氛围中慎重考虑是否购买。

2. 以客户利益为先，主动与客户保持联络

每个人都知道做生意是奔着利润去的，对商家来说，没有利润就没有意义。但适当地让利，照顾客户的感受，就能让客户产生触动。也许销售人员第一次没有赚钱，但是通过这种适当的退步就能赢得客户的心。著名销售乔·吉拉德曾说："做生意应懂得细水长流，这一次你不挣钱，价格实在，你就会获得客户的信任，吸引他们来第二次、第三次……"

当我们跟客户成为朋友、知己时，就拥有了稳定的客户群体，那是我们的重要财富。所以，不要做"一锤子买卖"，要学会细水长流。

为品牌铺路，强化客户忠诚度

当销售人员明白拥有老客户群的好处，也意识到自己要分配更多的时间、精力给老客户，甚至开始准备争取回头客的各种活动时，就越来越接近生意成功的奥秘。人们都在努力争取客户，把更多的产品卖给客户，使自己的业绩有大幅度提升。这的确让人欣慰，但之后是不是就高枕无忧了？

客户的去留直接影响销量，这是毋庸置疑的。更深层次的问题在于，客户是喜欢产品还是被服务打动？他们会不会轻易被别的品牌或者竞争对手吸引呢？也许这一次他们留下来是因为产品折扣更大，谁能保证竞争对手不会因此推出更诱人的折扣？

靠打价格战获得的客户最没有稳定性，于是，销售人员又想出一招，如今很多商家都在使用，那就是"会员制"。不管客户是去买水果、买衣服或者唱歌、看电影，销售人员都会鼓励客户办一张会员卡。之后，销售人员会通过各种渠道告知客户优惠活动。与此同时，客户的消费金额还可以转换成积分，不同的积分可以兑换不同的礼品，还可以升级会员级别……种种措施都是为了一个目的——吸引客户，提高销量。

以上的出发点没错，尽量培养客户的消费习惯与品牌偏好，让老客户变成忠实客户。这意味着客户会持续关注，并且长期重复地购买某品牌的产品。老客户不仅自己经常购买，还会将产品热情地推荐给身边的人。

手机品牌很多，但小于只喜欢其中一个品牌。自从他用了该品牌手机之后，每次该品牌手机出新产品，他都会关注。这个品牌的价格从来都没有降价空间，也没有什么优惠，甚至没有固定的销售人员维护他这个客户。但一切都不影响小于对这个品牌的热爱。他每次拿出手机，内心都会有一种喜悦。

他不仅喜欢该品牌手机，还喜欢他们公司出的平板电脑、耳机……完全不用导购出手，他就能愉快地去购买。除此之外，他还会向周围的人分享该品牌产品的好处，免费做"宣传大使"。

这个公司的产品价格不菲，却能拥有小于这种"追星"一般的客户，是不是很特别呢？

其实每个行业都有这种吸引力十足的产品。仔细分析，客户为什么会如此疯狂地追求产品品牌呢？

营销大师理查德·奥利弗这样描述"忠诚"的含义："忠诚是人们内心深处拥有的一种情感投入，不管环境因素如何变化，也不管市场上存在什么样的吸引客户做出行为改变的促销措施，人们在这种情感投入的驱使下在未来不断地重复购买相同品牌或者相同品牌旗下的商品。"这个解释既精准又形象，让销售人员理解了客户的购物心理。

有些客户经常购买某品牌产品，但是对销售人员和产品没有依赖性。对他们来说，销售人员是男是女不重要，产品是不是新款也不重要，刚好他们需要，刚好有优惠活动，他们就购买了。这个过程中，他们没有激情，更不会对产品产生关心和关注。如果此时有其他同类产品折扣更大，或许他们就会转而投向别的产品。

真正有忠诚客户群体的品牌，不需要做会员制，因为他们的品牌已经拥有足够的吸引力。他们很少搞促销，因为没有必要。忠诚的客户拥有稳定的消费习惯和购买习惯，价格是否优惠不会影响他们的购买行为。即使没有折扣或赠品，他们也不会放弃购买。

那么问题来了，怎样才能吸引和培养具有忠诚度的客户呢？

1. 做好产品定位，使客户有归属感

近年来，越来越多的产品在塑造自己的"品牌形象"。品牌形象其实就是产品定位。客户不见得多么热爱产品的外表或者功能，而更在意产品定义的内涵，并通过购买产品找到归属感。这种感情维系让产品和客户之间产生了磁性，拉近了品牌与客户的距离。

当销售人员完成自己的产品包装，就要主动吸引客户的注意力，并且在沟通中暗示客户与产品的契合度。首先要注意突出客户的气质或者地位，通过赞美让客户放下戒备；其次，激发客户与产品的情感共鸣，让交易更加顺利。

2. 忠诚客户流失时，要自我纠错和检讨

新的品牌和产品不断问世，我们的客户也有可能会流失。这种情况下，我们千万不要埋怨客户的选择，而是要审视自己，因为只有自己的产品或者服务出现漏洞时，才会导致客户流失。有时，销售人员积极处理问题的态度也许就能让客户回心转意。即便无法让客户回头，最起码我们要意识到存在的问题，防患于未然，避免更多客户流失。

维系客户并非一朝一夕的事，所以不妨从了解和关心客户开始，从塑造品牌开始，一步步培养自己的忠实客户。

产品出现问题，给客户一个满意的处理结果

"你们厨师怎么搞的，这菜炒得根本没有味道，是忘记放盐了吗？"

"这衣服质量太差了，我回去用洗衣机洗了几次就起球、变形了。"

"都说你们的售后服务好，我看不见得，上次来我们家的那个售后，效率太低了。"

…………

不管销售身处何种行业，总免不了要面对客户的问题反馈。从客户角度思考，有问题要反馈是很正常的事。他们在使用产品或享受服务中遇到问题和麻烦，给自己的生活带来不便，进而影响到情绪。但大部分人的反馈听起来像是批评与埋怨，从而导致销售人员心烦意乱，不知该如何面对和化解。有些人甚至还会以

为客户是在故意找碴，所以他们面对客户的抱怨，不是选择逃避就是随意敷衍。

这种处理方法大错特错。当客户的反馈得不到回应和处理，他们就会带着怨气扬长而去。你以为这只是失去一个客户？错。俗话说，好事不出门，坏事传千里。一个客户带着怨气离开，就会把自己不愉快的经历分享给身边的人。这绝不是短时间的发泄，而是一场持久战。其实，很少有客户会正儿八经地向销售投诉，大部分人更愿意用沉默的方式进行抗议。但能确定的是，我们会因没有处理好一个客户的投诉而失去更多潜在的客户。

所以，必须正视客户的反馈。我们每成功处理一次客户反馈，其实都是在挽回更多的客户。客户的反馈可怕吗？如果能改变自己的思维，积极地看待这个问题，客户的反馈未必不是一种财富。客户反馈时，就是我们再次跟客户巩固感情的好时机。表面上看，客户反馈是因为对产品或服务失望，其实还带有某种期待。只有人们相互信任时，才会有倾诉和期待的欲望，这难道不是我们改进产品以及与客户关系的双重良机吗？

小飞是一家广告公司的销售人员。最近他的一个老客户老是"骚扰"他，让他苦不堪言。原来，公司的主要业务是帮客户制作和投放广告，提高客户产品的知名度，增加销售量。但是这个大客户屡屡跟小飞抱怨："是你们设计的广告有问题，还是投放渠道不行？上个月的销售额不增反降，公司领导十分不满意。如果不能改变这种状况，我们就要考虑换广告公司了。"

听完，小飞直冒冷汗：这可是公司的大客户，如果失去这个客户，不只是他的销售业绩受影响，恐怕整个公司的收入都会受影响。因此，他急忙安抚客户："您别着急，我了解一下情况，之后及时跟您汇报。"

客户不太高兴地挂了电话，小飞赶紧去了解情况。做了周密的调研后，他发现了问题所在。原来是广告的投放时间改变了，从原来的黄金时段被换到了其他时段。客户的产品具有特殊性，因此受到观众投诉，被调换了。

于是，小飞马上给客户回了电话，并告诉对方实际情况。客户虽然不高兴，但这不是能人为控制的因素，于是让小飞再想点办法，增加产品的知名度。小飞在电话中毕恭毕敬地承诺3天后追加额外方案，到时候给客户送过去。之后，两个人都松了一口气，放下这段小插曲，仍旧愉快地合作。

不逃避也不反击，是销售人员面对反馈的好态度。客户并非没事找事，我们大可不必因此烦躁或者失控。虽然这是一次危机，但也是一次展示能力的机会，何不借此时机再次抓住客户呢？

1. 理解客户的反馈，耐心倾听

客户的反馈其实更像一道考题，身为考生的销售人员，面对难题需要交出一份满意的答卷。首先要以平常心对待这件事，耐心地听完客户的反馈，做到不打断也不逃避；其次，争取第一时间化解客户的怨气，并提出解决方案。

2. 明确问题根源，及时做好判断

在我们正视和处理客户的反馈后，销售人员还要弄清楚一件事：客户究竟在说什么。是不满意产品质量，还是后期服务，或者是因为他们自己操作不当出了问题？确定客户反馈的问题，我们才能有针对性地提出对策。要注意，即便知道是客户自己的错误导致了问题，也不要责备客户，而是通过委婉的方式告诉客户正确的方法。

事实证明，能够正确处理客户反馈的销售人员，都能在销售的道路上取得更好的成绩。即便产品真的出现了问题，我们也要做积极的太阳，一扫客户内心的阴霾，让彼此的合作继续下去。